essentials

Essentials liefern aktuelles Wissen in konzentrierter Form. Die Essenz dessen, worauf es als „State-of-the-Art" in der gegenwärtigen Fachdiskussion oder in der Praxis ankommt. *Essentials* informieren schnell, unkompliziert und verständlich

- als Einführung in ein aktuelles Thema aus Ihrem Fachgebiet
- als Einstieg in ein für Sie noch unbekanntes Themenfeld
- als Einblick, um zum Thema mitreden zu können

Die Bücher in elektronischer und gedruckter Form bringen das Fachwissen von Springerautor*innen kompakt zur Darstellung. Sie sind besonders für die Nutzung als eBook auf Tablet-PCs, eBook-Readern und Smartphones geeignet. *Essentials* sind Wissensbausteine aus den Wirtschafts-, Sozial- und Geisteswissenschaften, aus Technik und Naturwissenschaften sowie aus Medizin, Psychologie und Gesundheitsberufen. Von renommierten Autor*innen aller Springer-Verlagsmarken.

Sabine Schuster

Das achtsame Kleinunternehmen

Einführung in eine weltanschaulich neutrale Achtsamkeitspraxis für Klein-Unternehmer:innen

 Springer

Sabine Schuster
Praxis für Achtsamkeit am Arbeitsplatz
Tribuswinkel, Österreich

ISSN 2197-6708 ISSN 2197-6716 (electronic)
essentials
ISBN 978-3-662-73205-2 ISBN 978-3-662-73206-9 (eBook)
https://doi.org/10.1007/978-3-662-73206-9

Die Deutsche Nationalbibliothek verzeichnet diese Publikation in der Deutschen Nationalbibliografie; detaillierte bibliografische Daten sind im Internet über https://portal.dnb.de abrufbar.

Springer ist ein Imprint der eingetragenen Gesellschaft Springer-Verlag GmbH, DE und ist ein Teil von Springer Nature.
Die Anschrift der Gesellschaft ist: Heidelberger Platz 3, 14197 Berlin, Germany

Wenn Sie dieses Produkt entsorgen, geben Sie das Papier bitte zum Recycling.

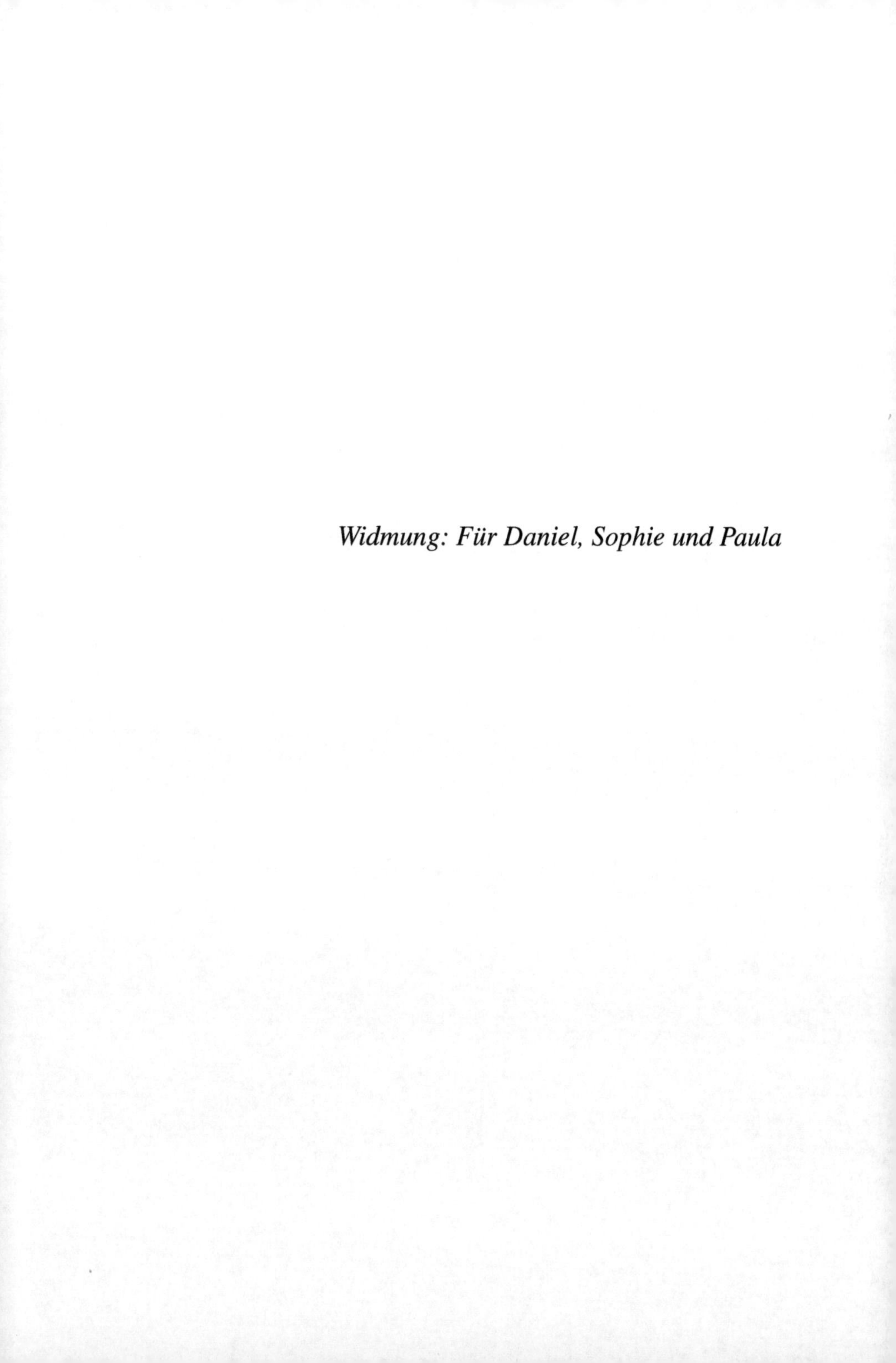

Widmung: Für Daniel, Sophie und Paula

- Weltanschaulich neutrale Achtsamkeit und achtsame Grundhaltung
- Achtsamkeit im Unternehmen & ihre Wirkungen
- Effekte und Ziele achtsamer Praxis im Klein-Unternehmen
- Intention bei der Einführung und Voraussetzungen für Klein-Unternehmer:innen
- Maßnahmen, Übungsfelder und Übungsbeispiele

Vorwort

Gute Mitarbeiter:innen im Betrieb zu halten, ist eine der größten Herausforderungen unserer Zeit. Hängen nicht gerade der Erfolg und Bestand von Klein- und Mittelbetrieben direkt von gesunden und engagierten Mitarbeiter:innen ab? Während heute die potenziell steigende Beschleunigung und die hohen Anforderungen das Risiko von Überlastung und Ausscheiden aus dem Betrieb stetig erhöhen, ist Achtsamkeit als Teil der Unternehmenskultur die wirksamste Methode, dem entgegen zu steuern.

Mit diesem Essential erhält die Kleinunternehmer:in eine konkrete und kompakte Anleitung zum Implementieren der Achtsamkeit im Betrieb. Die Autorin erklärt aus der Sicht einer kompetenten, erfahrenen Trainerin, wie das Konzept nachhaltig im Betrieb Wirkung findet. Anhand der aktuellen Studienlage können die Effekte von Achtsamkeitstraining auf Gesundheit und Effizienzsteigerung gut belegt werden. Es lohnt sich gewiss nicht nur für große Unternehmen, insbesondere die kleineren profitieren, wenn sie auf diese Weise Mitarbeiterbindung und betriebliche Gesundheitsförderung umsetzen. Und das ist laut Autorin machbar, denn bereits die Bereitschaft einer Schlüssel-Person, sich mit der Thematik auseinander zu setzen, reicht aus, um mit diesem Leitfaden das Projekt Achtsamkeit im Klein-Unternehmen zu starten. Lesen Sie dieses Essential und legen Sie los!

Natalia Ölsböck

Interessenkonflikt Der/die Autor*in hat keine relevanten Interessenskonflikte im Zusammenhang mit dieser Publikation.

Inhaltsverzeichnis

Über die Autorin

Mag. a phil. Sabine Schuster geb. 29.3.1969 in Wien Studium der Erziehungswissenschaften an der Universität Wien, Schwerpunkte Erwachsenenbildung und Sonder- & Heilpädagogik; 2. Studienrichtung selbstgewählte Fächerkombination Psychologie – Sport (Schwerpunkt Prävention/Rekreation).

Trainerin für Achtsamkeit am Arbeitsplatz und in Organisationen, Übungsleiterin für Progressive Muskelentspannung, Gesundheitsmoderatorin, zert. Erwachsenenbildnerin, zert. Wanderführerin, Touristikkauffrau- Praxis für „Achtsamkeit am Arbeitsplatz": psycho-soziale Gesundheitsförderung; Psychoedukation; Themen-Wanderungen zur mentalen Gesundheit; Sängerhofgasse 36 b, A-2512 Tribuswinkel, Österreich

e-mail: sabine.schuster@achtsamkeit.or.at

Verlinkung Website www.achtsamkeit.or.at

Einleitung 1

Achtsamkeit – nur ein Trend oder eine Haltung, die bleiben wird, weil sie die Welt dringend braucht?

Wer braucht sie? Wir alle und nicht nur im privaten, geschützten Meditationsraum, sondern auch in der Arbeitswelt. Durch die ständige Beschleunigung der Arbeitsprozesse und Kommunikationswege (Internet, Social Media, KI etc.) sind wir alle gefordert. Digitalisierung und Flexibilisierung zeichnen sämtliche Lebensbereiche aus. Die VUCA[1] bzw. neuerdings BANI[2]-Welt fordert ihren Zoll. Die Grenzen zwischen Erwerbsarbeit, Care Arbeit, Freizeit und Familienzeit sind längst verschwommen. Ständige Erreichbarkeit, wie sie viele erleben oder zulassen, tut sein Übriges.

Zeitgemäße Konzepte sind zur Notwendigkeit geworden, um den aktuellen Herausforderungen psychisch gewachsen zu sein. Ein möglicher Aspekt für die Erhaltung mentaler Gesundheit kann die Kultivierung einer Haltung der Achtsamkeit am Arbeitsplatz sein.

Der Zukunftsforscher Matthias Horx hat bereits 2017 „Achtsamkeit als Megatrend" ausgerufen. Im Zukunftsreport schreibt er: „Die beste Methode gegen den Clusterfuck ist der regelmäßige und professionelle Achtsamkeit-Walk" (2017, S. 64).

Selbst als Unternehmertochter aufgewachsen, durfte ich in meiner Kindheit und Jugend am Rande miterleben, was es heißt, ein Kleinunternehmen aufzubauen und Mitarbeiter:innen zu führen.

---

[1]VUCA-Akronym für „Volatility", „Uncertainty", „Complexity" und „Ambiguity"

[2]BANI-Akronym für „Brittle", „Anxious", „Non-linear", „Incomprehensible"

© Der/die Autor(en), exklusiv lizenziert an Springer-Verlag GmbH, DE, ein Teil von Springer Nature 2026

S. Schuster, *Das achtsame Kleinunternehmen*, essentials, https://doi.org/10.1007/978-3-662-73206-9_1

Nach Ausbildungsabschluss zur Touristikkauffrau war ich mehrere Jahre in einem großen Wiener Luxushotel zunächst als Bankett- und in Folge als Direktions-Assistentin tätig. Einige Jahre später begann ich – noch während meines Studiums – als Praktikantin in einem Wiener Beratungsunternehmen mit Schwerpunkt „Betriebliche Gesundheitsförderung". Als Gesundheitsmoderatorin und Beraterin in verschiedensten Unternehmen im Einsatz, sammelte ich Erfahrungen zu gesundheitlichen Ressourcen und Herausforderungen in der betrieblichen Praxis. Im Bildungsmanagement organisierte ich parallel dazu ein knappes Jahrzehnt Weiterbildungs-Seminare für Gesundheitsförder:innen, bis ich schließlich selbst die Trainerinnen-Laufbahn einschlug. In meiner selbständigen Tätigkeit habe ich mich auf Mentale Gesundheitsförderung mit dem Schwerpunkt „Achtsamkeit" spezialisiert und begleite neben meiner Vortrags-, Moderations- und Seminartätigkeit auch Themenwanderungen.

Als Schwester einer erfolgreichen Klein-Unternehmerin, die eine mitarbeiter:innen-zentrierte Unternehmenskultur lebt, verfolge ich seit Jahren deren mehrfach ausgezeichnetes BGF-Engagement und ihre teambildenden Maßnahmen. Sie und ihre Mitarbeiter:innen darf ich seit der Pandemie regelmäßig mit „Achtsamen Bewegungstraining" online begleiten und damit einen kleinen Beitrag zur mentalen Gesundheitsförderung im Bereich Entspannung beitragen.

In diesem essential zeichne ich einen möglichen Weg vor, wie Achtsamkeit in Kleinunternehmen eingeführt werden kann. Zunächst erfolgt eine kurze Einführung in das Thema. Ich zeige unternehmerische Vorreiter und Studien zur Wirksamkeit von Achtsamkeit in Unternehmen auf. Im Hauptteil beschreibe ich die Effekte von Achtsamkeit, Ziele, Voraussetzungen, Szenarien und gebe Empfehlungen für mögliche Interventions-Programme. Ich stelle schließlich verschiedene Übungen (Kurz- und Langformate) vor und erwähne auch die klassischen, möglichen Hindernisse in der Praxis.

1.1 Historische Herkunft und Begriffsklärung

Das Konzept der Achtsamkeit wurde erstmals vor ca. 2000 Jahren in buddhistischen Texten beschrieben[3]. Achtsamkeitstraining stellt den zentralen Baustein buddhistischer Geistesschulung dar. Auch in christlichen kontemplativen Praktiken findet Achtsamkeit seit vielen Jahrhunderten Anwendung (vgl. Eßwein 2023, S. 6f).

---

[3] Sanskrit „smriti" – übersetzt als Erinnerung, Gedächtnis (zit.nach Löhmer, Frankfurt 2014)

In den meisten Einführungen ist zu lesen, dass es keine einheitliche Definition für den Begriff „Achtsamkeit" gibt.

Eine klassische, oft zitierte Definition von Jon Kabat-Zinn lautet:

▶ „Achtsamkeit beinhaltet, auf eine bestimmte Weise aufmerksam zu sein: bewusst, im gegenwärtigen Augenblick und ohne zu urteilen" (Kabat-Zinn 2010, S. 18).

Die Menschen westlicher Gesellschaften haben die Angewohnheit, ca. 40–50% (!) der Zeit mit ihren Gedanken abwesend zu sein. Sie beschäftigen sich mit Erinnerungen, Sorgen oder Zukunftsszenarien abseits der gegenwärtigen Präsenz. Sie haben dabei oft wiederkehrende, ähnliche Gedanken und diese sind überwiegend belastender oder negativer Art. Das ist unserem Nerven-System zu verdanken, da wir über Jahrtausende darauf konditioniert waren, potentielle Gefahrenquellen rasch zu erkennen, um durch Flucht oder Angriff zu überleben. Was für unsere Ahn:innen von überlebensnotwendigem Vorteil war, das rasche Anspringen des autonomen, sympathischen Nervensystems, ist für uns modernen Menschen eine Bürde und ständiger Begleiter auch dort, wo keine Lebensgefahr im eigentlichen Sinne mehr besteht.

Hintergrundinformation

„Ein wichtiger ventral-vagaler Regelkreis ist die Vagalbremse. Dieser Regelkreis führt vom Stammhirn zum Sinusknoten – dem Schrittmacher – des Herzens; über diese Verbindung wird unser Herzrhythmus reguliert. Die Vagalbremse kann den Herzschlag verlangsamen, ihn auf eine gesunde Anzahl von Schlägen pro Minute (zwischen sechzig und achtzig) herunterregulieren" (Dana 2022, S. 39).

„Das sympathische Nervensystem ist ein Spinalnervensystem, das im Rückenmark der Brust- und Lendenregion im mittleren Wirbelsäulenabschnitt entspringt […] Die Energie des sympathischen Nervensystems ist von zentraler Bedeutung für die Fähigkeit, die Herausforderungen des Lebens zu bewältigen. Sie steigert den Blutdruck bei Stress und Belastung und steuert Herzrhythmus und Atemmuster" (ebd., S. 42).

Achtsamkeitspraxis – also das Üben von Achtsamkeit – ermöglicht es, die Aufmerksamkeit ganz auf den gegenwärtigen Moment zu lenken. Wir aktivieren dabei das parasympathische, autonome Nervensystem durch die sogenannte „Vagalbremse" und damit unsere Fähigkeit zur Entspannung.

Auf persönlicher Ebene kann fokussierte Achtsamkeit in drei Bereichen erlebt werden: 1. die Gedanken auf das aktuelle Geschehen lenken, 2. die Gefühle im Moment wahrnehmen oder 3. die Körperempfindungen, wie sie sich gerade eben zeigen, spüren.

Wie bereits in meinem Artikel „Förderung emotionaler Intelligenz durch Achtsamkeitspraxis am Arbeitsplatz" erwähnt, ist die Atembeobachtung dabei die größte Stütze (vgl. Schuster 2018, S. 248). Im Sitzen hilft die Beobachtung des Atems. Bewusstes Ein- und Ausatmen führt dazu, sich in der Gegenwart zu verankern. Beim Achtsamen Gehen richtet sich die Konzentration auf die Füße bzw. die Fußsohlen und bei der Achtsamen Körperwahrnehmung liegt der Fokus auf dem jeweiligen Körperteil, den man versucht bewusst zu spüren. Achtsame Bewegungen wie z. B. beim klassischen Yoga oder Tai-Chi erlauben es, sich ganz auf die Bewegungen im Einklang mit dem Atem zu fokussieren, d. h. der Atem führt dabei die Bewegung. Darin besteht auch der größte Unterschied zu anderen leistungs- oder körperorientierten Konzepten und zum Sport. Wenn wir außer Atem geraten, sind wir nicht mehr beim Achtsamen Üben. Die Ein- und Ausatmung bestimmt den Rhythmus und den Bewegungstakt.

Der gedankenverlorene Autopilot, d. h. das unbewusste Gedanken-Schweifen, wird durch die Fokussierung ausgeschaltet. Diese regelmäßige Unterbrechung der Alltags- bzw. Arbeitstätigkeiten verändert mit der Zeit die Reaktionsmuster und erweitert allmählich das Handlungspotenzial (vgl. ebd.). Wir gewinnen zwischen einem Reiz von außen und unserer Reaktion von innen mehr Zeit. Wesentliche Ziele bestehen u. a. darin, das Wahrgenommene wertfreier zu sehen, nicht sofort zu reagieren oder die Dinge zu akzeptieren, wie sie sind.

1.2 Achtsamkeit – religiös oder weltanschaulich neutral?

Es existiert eine prinzipielle Unterscheidung zwischen einer weltanschaulich neutralen und einer religiös gefärbten Achtsamkeits-Praxis, die auf verschiedenen Konfessionen basieren kann (buddhistisch, christlich, hinduistisch, jüdisch, muslimisch u. a.).

Im Unternehmens-Kontext kommen meist überkonfessionelle Angebote zum Einsatz. Das ist wichtig, weil in einer multikulturellen Gesellschaft Menschen unterschiedliche Sozialisationserfahrungen mitbringen. Außerdem sind Religion und Glaube in westlichen Demokratien wie in Österreich Privatsache. In diesem essential beziehe ich mich Großteils auf säkulare, d. h. weltanschaulich neutrale Konzepte für eine Achtsamkeitspraxis am Arbeitsplatz. Falls der:die geschätzte Leser:in eine spirituelle Praxis oder ein eben solchen Zugang hat, dann ist das kein Hindernis, sollte aber im betrieblichen Sektor eher im Hintergrund bleiben.

Das im Westen bekannteste weltanschaulich neutrale Achtsamkeits-Programm ist das von Kabat-Zinn in den 70er Jahren des letzten Jahrhunderts entwickelte MBSR-Programm „Mindfulness Based Stress Reduction", im deutschsprachigen Raum als „Stressbewältigung durch Achtsamkeit" bekannt. Es soll hier stellvertretend für die Vielzahl von Trainings-Curricula kurz vorgestellt werden.

1.3   Säkulare Praxis am Beispiel von MBSR (Kabat-Zinn)

Bei MBSR – **M**indfulness **B**ased **S**tress **R**eduction – handelt es sich um ein standardisiertes achtwöchiges Programm, das weltweit von MBSR-Trainer:innen für stressbelastete Klient:innen in Gruppen oder im Einzel-Setting angeboten und begleitet wird. Es ist das am besten erforschte Programm, da es am längsten in der westlichen Welt angeboten wird und durch die Standardisierung in verschiedenen Ländern und Einrichtungen sehr gut evaluiert werden konnte und weiterhin auch wird.

Das Curriculum umfasst acht Übungs-Einheiten (á 2,5 h) und zusätzlich einen ganzen Achtsamkeitstag, den „Tag der Stille" zur Vertiefung. In den angeleiteten Einheiten werden die klassischen formalen Grundübungen (Body Scan, Yoga/achtsame Körperübungen, Sitzmeditation u. a.) erlernt sowie jeweils ein theoretischer Aspekt der Achtsamkeitspraxis erörtert. Zeit für Fragen und Austausch sind ebenso Teil der gemeinsamen Übungspraxis. In der Zeit zwischen den Gruppen-Einheiten üben die Teilnehmer:innen täglich selbständig die formalen Übungen (45 min) und führen Tagebuch über ihre Erlebnisse, Gedanken, Gefühle, Begegnungen und ihre Stress-Auslöser, -Muster und -Reaktionen.

Die 7 Grundfaktoren der Achtsamkeit nach Jon Kabat Zinn lauten: Nicht-Beurteilen, Geduld, Anfänger-Geist bewahren, Vertrauen, Nicht-Greifen, Akzeptanz, Loslassen.

Die Bausteine im Detail (vgl. Chang-Gusko et al. 2019, S. 13):

1. Nicht-Beurteilen heißt, sich der Gewohnheit des Urteilens und ihrer Auswirkung bewusst zu werden. Erst dann kann man durch den Filter der eigenen Vorurteile und Ängste hindurchsehen.

2. Geduldig sein bedeutet, sich klar zu machen, dass jeder Prozess seine eigene Zeit hat und dass sich die Dinge entfalten, wenn der passende Moment dafür gekommen ist.

3. Den Geist des Anfängers bewahren, meint, seinen Geist und seine innere Einstellung so zu öffnen, als sei es das erste Mal, wenn man z. B. eine bestimmte Übung macht.

4. Vertrauen ist ein integraler Bestandteil der Meditation. Das Ziel ist die Entwicklung von Vertrauen in die eigene innere Weisheit, in das eigene innere, grundlegende „Ganz-Sein", welches die Wahrnehmung und das Verständnis für die Mitmenschen fördert.

5. Nicht-Greifen wird verstanden als aktives Nicht-Tun und bedeutet zu lernen, man selbst zu sein, einfach so wie man ist und nicht wie man selbst glaubt, sein zu müssen oder wie es andere von einem erwarten.

6. Akzeptanz bedeutet Annehmen ohne Bewertung: jeden Moment und jeden Augenblick bewusst, vorurteilsfrei und ganzheitlich zu sehen und ihn wertfrei anzunehmen.
7. Nicht-Anhaften – alle Dinge, unabhängig ob positiv oder negativ, einfach nur zu betrachten, zu akzeptieren und ohne zu werten oder versuchen sie zu beeinflussen.

Für Anfänger:innen der Achtsamkeitspraxis mögen diese Grundprinzipien eine große Hürde darstellen. Meditieren an sich sollte absichtslos und NICHT zielgerichtet sein. Es geht darum zu bemerken, was gerade im Moment „los ist". Das kann anfangs irritierend oder verwirrend sein. Wichtig ist zu wissen, dass es ganz normal ist, wenn man merkt, dass die Gedanken wie verrückt herumspringen. In der Fachliteratur gibt es den Ausdruck „monkey mind" für diesen Geisteszustand. Leider hält er viele Menschen davon ab, weiter zu üben, bis sie in den Genuss von ruhigeren Phasen kommen, die sich mit der Zeit einstellen können. Eine Vielzahl von Menschen gibt auch an, nicht meditieren zu können oder dafür nicht geeignet zu sein. Nach kurzen anfänglichen Mühen geben sie rasch wieder auf und belassen es bei diesen enttäuschenden Erfahrungen.

Dabei hilft nur weiterüben und vertrauen, dass alles so ok ist, wie es ist. Ich kann als Trainerin in kein Gehirn hineinschauen, um festzustellen, ob jemand „richtig" oder „falsch meditiert". Der Austausch zwischen Lehrenden und Mit-Übenden stellt daher eine unverzichtbare Grundlage beim Erlernen und Praktizieren von Achtsamkeitsübungen dar. Ich empfehle daher zunächst Schnuppertage zu buchen, um sich mit der Methode und Übungspraxis vertraut zu machen und im Anschluss einen Gruppen-Kurs zu besuchen bzw. firmenintern zu organisieren, damit man begleitet und betreut zu üben lernt.

▶ Man meditiert nicht, um irgendwo hinzukommen oder um irgendetwas los zu werden.

1.4   Achtsamkeit im Alltag für (fast) jede:n

Ich verstehe unter Achtsamkeit, mich immer wieder aufs Neue auf meine Wahrnehmungen in der Gegenwart zu besinnen. Die wörtliche Übersetzung des Begriffes „smriti" (aus dem pali[4]) bedeutet „Erinnerung" – sich sozusagen „ans Jetzt erinnern". Wenn wir unachtsam oder per geistigem „Autopilot" (Kabat-Zinn)

---

[4] Schriften zur Zeit Buddhas

unterwegs sind, vergessen wir das „Jetzt" und sind mit den Gedanken an einem anderen Ort, als dort, wo wir uns körperlich befinden. Was bringt mich zur Achtsamkeit zurück? Mich zu fokussieren: am einfachsten auf den Atem, genauer auf den Atem-Rhythmus. Das Erleben der eigenen Ein- und Ausatmung bringt mich sofort in die Gegenwart und zur Eigenwahrnehmung zurück. Ich komme gedanklich wieder im gegenwärtigen Moment an und kann den Gedanken, der mich davor noch beschäftigt hatte, loslassen. Unser Gehirn produziert laufend Gedanken. So wie sie in meinem Bewusstsein auftauchen, kann ich sie auch wieder willentlich abstellen. Eine gute Alternative, die ich mich die Achtsamkeits- und Yogalehrerin Ursula Lyon gelehrt hat, ist bei unliebsamen oder unheilvollen Gedanken die Basis bewusst zu spüren: Das bedeutet, sich auf die Füße am Boden zu konzentrieren, sich quasi im gegenwärtigen Moment zu verankern. Die Körperwahrnehmung hilft unmittelbar zurück ins „Jetzt", wo ich gerade sitze, stehe oder gehe. Es ist in erster Linie eine Übungssache, das Abdriften mit der Zeit immer öfter zu bemerken und wieder im „Jetzt" anzukommen. In der Meditation (z. B. im Sitzen) kann ich dann bewusst beobachten, wie ein Gedanke auftaucht, mich zu einem weiteren Gedanken führt und ich plötzlich in eine ganze Geschichte eintauche. Lerne ich achtsamer zu werden, bemerke ich bereits den ersten Gedanken, der mich von der Fokussierung wegbringt und kehre unmittelbar zur Atem- oder Körperorientierung zurück. Das erleichternde Gefühl dabei, dass ich *Das* jetzt nicht weiterdenken muss, kann sehr angenehm und beruhigend sein. Ich steuere schließlich meine Gedanken selbst. Hat man das einmal begriffen und auch erlebt, werden die Ruhephasen – ohne Denken – mit der Zeit und Fortdauer des Übens immer länger. Bei längeren Schweige-Retreats, in denen wir uns mehrere ganze Tage der Achtsamkeit widmen, entstehen dann minutenlange Pausen oder plötzlich sogar Momente tiefer Versenkung, die einen ganz besonderen Zustand hervorbringen. Manchmal wird es als Moment der Erleuchtung oder Nirvana beschrieben. Ich weiß nicht, ob ich schon „erleuchtet" war, aber es war ein einzigartiges und schwer zu beschreibendes, äußerst angenehmes Gefühl, nach dem man sich immer wieder sehnt, es aber leider nicht aktiv reproduzieren kann. Es ist mehr ein Geschenk oder eine Belohnung für das intensive Üben. Und es lohnt sich auf jeden Fall. Allerdings wird man nie „fertig" mit dem Üben, es gibt kein Ziel, nur den Weg.

Literatur

Chang-Gusko, Y. et al. (2019). *Achtsamkeit in Arbeitswelten. Für eine Kultur des Bewusstseins in Unternehmen und Organisationen.* Wiesbaden: Springer Gabler

Dana, D. (2022). *Der Vagus-Nerv als innerer Anker. Angst und Panik überwinden, Ruhe und Stärke finden* (3. Aufl.). München: Kösel

Eßwein, J. (2023). Achtsamkeit am Arbeitsplatz. Wie Organisationen eine Zukunftskompetenz in Prävention und Gesundheitsförderung einsetzen. In: *Wegweiser Achtsamkeit am Arbeitsplatz* Hrsg.: Initiative Gesundheit und Arbeit (iga).

Kabat-Zinn, J. (2010). *Im Alltag Ruhe finden. Meditationen für ein gelassenes Leben.* München: Knaur Menssana TB

Schuster, S. (2018). Förderung emotionaler Intelligenz durch Achtsamkeitspraxis am Arbeitsplatz. In: Gölzner, H. & Meyer, P. (Hrsg.), *Emotionale Intelligenz in Organisationen. Der Schlüssel zum Wissenstransfer von angewandter Forschung in die praktische Umsetzung.* (S. 246–258) Wiesbaden: Springer VS

Trendstudie. (2017): *Die neue Achtsamkeit. Der Mindshift kommt.* Hrsg. Zukunftsinstitut GmbH.

Achtsamkeit im Unternehmens-Kontext

2

War Achtsamkeit vor 20 Jahren noch ein psychologisches Randthema ist sie mittlerweile fest im öffentlichen Bewusstsein verankert. Immer mehr Organisationen, Einrichtungen der öffentlichen Hand, Schulen, Kliniken und Wirtschafts-Unternehmen bieten ihren Mitarbeiter:innen Möglichkeiten, sich in Achtsamkeit am Arbeitsplatz zu üben. Die Einführung eines Achtsamkeitsprogrammes bzw. -trainings setzt oft an der Schnittstelle Betriebliche Gesundheitsförderung und Organisationsentwicklung an. Es gibt einige große internationale Unternehmen, die diesen Weg bereits seit einigen Jahren gehen.

2.1 Vorreiter-Unternehmen

Das bekannteste internationale Beispiel, das Tech-Unternehmen Google, startete bereits 2007 im Silicon Valley das betriebseigene Achtsamkeits-Programm mit dem Titel „Search Inside Yourself".

In Deutschland nahm SAP 2013 mit einem eigenen hausinternen Achtsamkeitstraining die Vorreiterrolle im deutschsprachigen Raum ein. Es folgte der deutsche Unternehmer Bodo Janssen, Geschäftsführer der Hotel- und Ferienhaus-Kette Upstalsboom. Eine interne Mitarbeiter:innenbefragung 2010 brachte ans Tageslicht, dass sich die Belegschaft schlecht geführt fühlt und Angst vor ihrem Chef hätte. Nachdem sich Jannsen zunächst selbst mit Meditation in einem Kloster vertraut gemacht hatte (u. a. bei Anselm Grün), vollzog er eine Verhaltensänderung und entwickelte schließlich mit seinen Mitarbeiter:innen ein firmeninternes Curriculum zur Persönlichkeitsentwicklung. Das Unternehmen verdoppelte die Umsätze innerhalb von 3 Jahren, reduzierte die Krankheitsquote von 8 auf 3 % und er-

S. Schuster, *Das achtsame Kleinunternehmen*, essentials, https://doi.org/10.1007/978-3-662-73206-9_2

höhte die Zufriedenheit der Mitarbeiter:innen auf 80 % (vgl. Standhardt 2022, S. 212 ff).

Die aktuellen Krisen haben die anfängliche Euphorie in den Unternehmen für Achtsamkeit inzwischen leider ausgebremst. Auch firmeninterne Weiterbildungen werden stark eingespart. All das, was nicht fachlich notwendig ist, fällt dem Sparstift zum Opfer. Dabei wäre gerade jetzt eine gute Zeit, der Achtsamkeit eine Chance zu geben. Die Erkenntnisse durch die Meditationspraxis relativieren vieles und regen eventuell auch zum Nachdenken über bisheriges Wirtschaften an.

2.2 Wirksamkeit von Achtsamkeitstrainings im Arbeitskontext

Die Autor:innen des deutschen Iga.Reports 45 (Michaelsen et al. 2021) der Initiative Gesundheit und Arbeit lieferten eine umfassende Analyse der Wirksamkeit von Achtsamkeitstechniken im beruflichen Umfeld.

> „Seit 2018 wurden drei berufsgruppen- beziehungsweise branchenübergreifende Übersichtsarbeiten, die aufgrund der Fülle an Studien auf randomisierte kontrollierte Untersuchungsdesigns fokussieren, zum Thema Achtsamkeit am Arbeitsplatz veröffentlicht. […] Die Ziele von Achtsamkeitstrainings gehen über die klassischen BGM-Ziele hinaus. Dass solche Parameter in den eingeschlossenen Studien untersucht wurden, deutet darauf hin, dass Achtsamkeitstrainings nicht nur mit dem Ziel der Gesundheitsförderung eingesetzt werden […]" (2021, S. 13 f).

Der Report basiert auf einer Literaturrecherche von 105 randomisierten kontrollierten Studien aus den Jahren 2005 bis 2019 sowie auf 16 Expert:innen-Interviews im Bereich betrieblicher Achtsamkeit.

In ihren ausgewählten Studien analysierten die Forscher:innen die Arbeiten gemäß der folgenden sieben Kategorien von Zielparametern (mit 27 detaillierten Unterkategorien): 1. physische und physiologische Parameter, 2. psychische Parameter der Gesundheit, 3. Wohlbefinden, 4. Erholung, 5. Selbstreferenz, 6. Empathie und 7. Arbeitsbezogene Parameter (vgl. ebd., S. 18 ff).

Folgende Achtsamkeitsbasierende Verfahren wurden dabei berücksichtigt: MBSR (klassisch), Modifizierte MBSR-Formate, Meditationskurse, verwandte achtsamkeitsbasierte Interventionen und einer Reihe achtsamkeitsinformierter Verfahren wie Atemtrainings, ACT-basierte Programme (eine spezielle Therapieform), bewegungsorientierte Verfahren (Yoga, Qigong) und multimodale Programme (vgl. ebd., S. 25 ff).

Nachfolgend ein kurzer Überblick der wichtigsten Ergebnisse dieser Arbeit.[1]

2.2.1   Zusammenfassung der Wirkungen von Trainings

Die 53 achtsamkeitsbasierten Formate weisen insgesamt positive Auswirkungen auf alle sieben Outcome-Kategorien (siehe oben) und die darin enthaltenen 27 untersuchten detaillierten Parameter auf (vgl. ebd., S. 39).

Achtsamkeitstrainings zeigen eine deutliche Wirkung auf Aspekte der psychischen Gesundheit, insbesondere eine starke Senkung des Stresserlebens. Auch Angst- und Depressionssymptome können reduziert werden. Eine mittlere bis starke Wirksamkeit wurde auch für ausgewählte Achtsamkeitstrainings in Bezug auf physische und physiologische Gesundheitsparameter, Wohlbefinden, Erholungsfähigkeit, Selbstreferenz und -regulation sowie arbeitsbezogene Faktoren festgestellt.

MBSR-Kurse zeigen die stärksten Gesamteffekte auf psychische Gesundheit, Wohlbefinden, Erholung, Selbstreferenz und arbeitsbezogene Faktoren. Meditationskurse sind ebenfalls sehr effektiv, insbesondere bei psychischen Gesundheitsparametern wie der Reduktion von Angst, Depression und Stresserleben.

Kurze Interventionen (weniger als fünf Stunden Gesamttrainingszeit) zeigen tendenziell eine geringere Wirksamkeit im Vergleich zu längeren Formaten (über mehrere Wochen).

Gruppenbasierte Achtsamkeitstrainings scheinen erfolgreicher zu sein als individuell durchgeführte Selbststudien-Programme, da das gemeinsame Üben zwischenmenschliche Fähigkeiten wie Empathie fördert.

2.2.2   Kosten-Effektivität und Effizienz

Die Studienlage zur Kosten-Effektivität und Effizienz von Achtsamkeitstrainings ist unzureichend und uneinheitlich. Es gibt Anzeichen, dass der Einsatz von Achtsamkeitstrainings lohnenswert sein kann, dies wird jedoch oft erst über einen längeren Zeitraum sichtbar. Die kurzfristige Effizienz ist schwer zu quantifizieren; der Nutzen liegt eher in einer langfristigen positiven Veränderung der Unternehmenskultur.

---

[1] *Zusammenfassung der iga.Report-Ergebnisse teilweise KI-unterstützt.*

Diese uneinheitlichen Ergebnisse passen gut zum Paradox der Achtsamkeit nach Kohtes und Rossmann, die in ihrem Standardwerk „Mit Achtsamkeit in Führung" festhalten: „Achtsamkeitspraktiken sind lebendige Paradoxien. Sie haben wissenschaftlich nachweisbare und reproduzierbare Effekte, doch lassen sich diese nicht auf Knopfdruck erwirken. Das stellt das konventionelle Denken im Geschäftsleben, wo man etwas tut, um etwas Konkretes, Absehbares zu erreichen, auf den Kopf. Wenn man hundert Mitarbeiter an einem zehnwöchigen Kurs teilnehmen lässt, kann man nicht präzise voraussagen, was genau dabei herauskommen wird" (2014, S. 102f).

2.2.3 Positive Auswirkungen auf die psychische Gesundheit

Zusammenfassend lässt sich sagen, dass Achtsamkeitstrainings positive Effekte auf die psychische Gesundheit haben können und auch in anderen Bereichen wie Wohlbefinden und Burnout-Prävention wirksam sind.

Literatur

Kohtes, P. J. & Rosmann, N. (2014). *Mit Achtsamkeit in Führung. Was Meditation für Unternehmen bringt.* Stuttgart: Klett-Cotta.

Michaelsen, M. M., Graser, J., Oneschei, M.,Tuma, M., Pieper, D., Werdecker, L. & Esch, T. (2021). In: *Wegweiser Achtsamkeit am Arbeitsplatz. Iga.Report 45*, Hrsg.: Initiative Gesundheit und Arbeit (iga).

Standhardt, R. (2022). *TAO Training Achtsamkeit in Organisationen. Die Kunst sich selbst und eine Organisation achtsam zu führen.* Stuttgart: Klett-Cotta.

3.1   Effekte von Achtsamkeit auf das Individuum

Achtsamkeitstrainings werden nicht nur mit dem Ziel der Gesundheitsförderung eingesetzt, sondern spielen zunehmend auch eine Rolle in der Entwicklung der Unternehmenskultur und für die Innovationsfähigkeit von Unternehmen.

Die Praxis der Achtsamkeit kann in Klein-Unternehmen eine Reihe positiver Effekte auf die psychische und physische Verfassung von Führungspersonen und Mitarbeiter:innen haben. Im Unterschied zu großen Unternehmen, in denen meist nur ein Teil der Belegschaft Achtsamkeitskurse oder -trainings besucht, wird die Klein-Unternehmerin das Ziel verfolgen, möglichst viele Mitarbeiter:innen zu erreichen.

Beim renommierten US-amerikanischen Forscher-Team Davidson und Goleman findet sich eine umfassende Reihe neurowissenschaftlicher Auswirkungen durch regelmäßige Achtsamkeitspraxis: Durch das Üben über einen längeren Zeitraum komme es nachweislich zu Veränderungen der Gehirnstrukturen, was als „Neuroplastizität" bezeichnet wird. Die graue Gehirnsubstanz vermehre sich, d. h. die Stress-Resistenz erhöht sich damit. Die Amygdala (dt. Mandelkern) im Limbischen System feuere weniger stark, das heißt die Stress-Reaktion wird vermindert. Die Körperwahrnehmungs-Region „Insula" im Mittelhirn werde u. a. stärker ausgebildet. Immunabwehr-hemmende Faktoren nähmen ab und die Telomerase-Aktivität nähme zu (vgl. 2017, S. 167 ff).

Wollen wir die psychologischen Effekte von Achtsamkeit auf den einzelnen Menschen im Detail erkunden, dann finden wir inzwischen vielfältige Antworten in den Neurowissenschaften, allerdings keine einfachen. „Fakt ist aber, dass kein Areal für sich alleine ausreicht, um bestimmte Funktionen zu erklären"

S. Schuster, *Das achtsame Kleinunternehmen*, essentials,
https://doi.org/10.1007/978-3-662-73206-9_3

(Heße-Husain & Meßtorff 2019, S. 25). Das Gehirn funktioniere netzwerkartig und es wären stets mehrere Regionen bei der Verarbeitung beteiligt. „Einfache Erklärungen" wie Achtsamkeit auf das Gehirn wirke, sind daher nicht möglich und wären wissenschaftlich gesehen unseriös oder veraltet (ebd.). Die Autorinnen verweisen auf das Konzept von Hölzel et al. (2011), das bei der Beurteilung zur Anwendung Achtsamkeitsinterventionen im Kontext von Arbeitstätigkeit hilfreich sei. Hölzel und ihre Kolleg:innen orientieren sich dabei an bestimmten kognitiven Funktionen: Aufmerksamkeit, Wahrnehmung und Emotionsregulation (vgl. Heße-Husain & Meßtorff 2019, S. 25 f).

3.1.1 Aufmerksamkeitssteuerung

MRT-Studien zur Neuroplastizität belegten eine Verbesserung der Aufmerksamkeitssteuerung durch Achtsamkeitsinterventionen im anterioren cingulären Cortex (ACC). Dieser Bereich ist ein Teil des Aufmerksamkeitsnetzwerkes, das durch drei unterschiedliche Aspekte beschrieben werden könne: Aufmerksamkeitslenkung durch Identifizieren von Zielreizen, Aufrechterhaltung von Aufmerksamkeit und Steuerung. Darüber hinaus würde im Bereich der Aufmerksamkeitsleistung eine erhöhte Aktivität im Bereich des dorsolateralen präfrontalen Cortex (PFC) gemessen. Die Befunde entsprächen den bekannten Effekten von Training auf die korrespondierenden Hirnregionen (vgl. ebd.). Kurz: wer meditiert schult gezielt seine Aufmerksamkeitssteuerung und erhöht seine Konzentrationsleistung.

3.1.2 Achtsamkeit – Selbstwahrnehmung – Selbstführung

Die regelmäßige Praxis von Achtsamkeit liefert Praktizierenden wertvolle Erkenntnisse über die eigenen Denk- und Verhaltensmuster. Die Fähigkeit zur Selbstwahrnehmung und zur Selbstreflexion werden dabei gezielt gefördert.

Schrör räumt der Selbstwahrnehmung einen gleichberechtigen Stellenwert zwischen Achtsamkeit und Selbstführung ein. Er beschreibt drei Stufen zur achtsamen Selbstführung:

Stufe 1 Grundhaltung Achtsamkeit,
Stufe 2 Tiefes Verstehen durch Selbstwahrnehmung und
Stufe 3 Ins Leben bringen durch Selbstführung (vgl. Schrör 2021, S. 45 f).

„Im Kontext von systemischer Führung ist also Achtsamkeit die Grundhaltung, die das tiefe Verstehen durch Selbstwahrnehmung ermöglicht, was wiederum das ‚Ins-Leben-Bringen' der Veränderung durch Selbstführung möglich macht" (ebd., S. 46).

Neben gesundheitlichen Effekten wie eine bessere Stressbewältigung halte ich die Entwicklung der Fähigkeit zur Selbstführung für eine der wichtigsten positiven Auswirkungen, nicht nur für Führungskräfte.

Fazit: Es gibt messbare Auswirkungen auf bestimmte Gehirnregionen. Achtsamkeit verändert unsere Wahrnehmung, die Konzentrationsfähigkeit, steigert unsere Empathie-Fähigkeit und könnte sogar das Altern ein wenig aufhalten.

3.1.3 Körperbezogene (Selbst-)Wahrnehmung

„Die körperbezogene Selbstwahrnehmung ist mit dem somatosensorischen Kortex und der Inselrinde assoziiert. [...] Achtsamkeitsinterventionen führen zur einer Aktivitätssteigerung im Bereich der Insula und einige Studien belegen die Volumenzunahme bei regelmäßig Meditierenden" (Heße-Husein & Meßtorff 2019, S. 26, zit.n. Hölzel et al 2011).

Die Stärkung der Körperwahrnehmung sei seit Jahrzehnten ein Standardbestandteil der psychosomatischen Behandlungskonzepte. Mit einer entsprechenden Selbstwahrnehmung werde auch die Fähigkeit zur Wahrnehmung anderer erklärt und somit auch empathisches Verhalten (vgl. ebd.). Kurz: wer sich selbst besser spürt, spürt auch andere Menschen besser. Die Fähigkeit des Mitgefühls kann innerhalb von Belegschaften und im Kundenbereich von großem sozialem Vorteil sein.

3.1.4 Emotionsregulation

„Bei der Generierung und Regulation von Emotionen sind mehrere Hirnstrukturen beteiligt. Es konnte beobachtet werden, dass sich bei der bewussten Steuerung von Emotionen eine gesteigerte Aktivität im präfrontalen Kortex findet und parallel eine Herabsetzung der Aktivierung im Bereich der Amygdala, was mit einer hemmenden Wirkung des präfrontalen Kortex auf die Amygdala erklärt wird" (ebd.).

Hölzel an anderer Stelle: „Wir haben solide Studien, die zeigen, dass bei Meditierenden die Anspannung nach einer herausfordernden Situation vergleichsweise schnell wieder abnimmt. Sie bleiben offenbar nicht so stark an negativen Gefühlen kleben. Insgesamt gibt es derzeit knapp 7000 Veröffentlichungen, die sich mit dem Thema Achtsamkeit beschäftigen, allein im letzten Jahr sind 1400 hinzugekommen. Es zeigt sich, dass Achtsamkeit vor allem Stress und Ängste reduziert und gut wirksam ist bei Depression, Schmerzen oder auch zur Raucherentwöhnung" (2020, S. 58).

Heße-Husain und Meßtorff fassen zusammen, dass es direkte biologische Effekte von Achtsamkeit und Meditation auf das Gehirn gäbe und sich Veränderungen auch in bestimmten mentalen Merkmalen zeigen würden (vgl. 2019, S. 26).

3.2   Ziele von Achtsamkeitstrainings im Unternehmen

Neben den gesundheitlichen Effekten gibt es Auswirkungen auf Individuen, die sich in Folge auch auf die gesamte Belegschaft positiv auswirken können. Welche Ziele Unternehmer:innen u. a. verfolgen könnten, die Achtsamkeit für Mitarbeiter:innen einführen möchten, zeige ich im Folgenden auf:

3.2.1   Konzentrationsförderung und bessere Fokussierung

Wir alle kennen das: wir sind in eine Sache vertieft, schreiben gerade ein e-mail oder einen Bericht und plötzlich hören wir ein „Pling". Sofort schweift unser Fokus in Gedanken ab: „Wer oder was könnte das sein?" Oder „Welche Nachricht erwartet mich?" Oder: „Hoffentlich die Antwort, auf die ich seit Stunden warte...?" Und weg ist die Konzentration auf die ursprüngliche Tätigkeit!

„Wie eine Studie von Professor Michael Posner von der Universität Oregon ergab, dauert es im Durchschnitt 23 min, bis man sich wieder genauso fokussiert wie zuvor auf eine Sache konzentrieren kann, wenn man unterbrochen wurde" (Hari 2023, S. 20).

Unsere Aufmerksamkeitsspanne hat in den letzten Jahrzehnten rapide abgenommen. Und damit auch unsere Fähigkeit zur Problemlösungskompetenz, schreibt Hari weiters. Es gäbe Hinweise darauf, dass Menschen, die sich nicht konzentrieren könnten, sich eher zu simplen, autoritären Lösungen hingezogen fühlten (ebd., S. 21).

Die Achtsamkeitstrainerin Katzera führt folgende Gründe an, warum die Anziehung des Smartphones so stark sei:

1. Die Funktionsvielfalt des Gerätes, die Möglichkeit der Erreichbarkeit in Notfällen, die allgemeine Verbreitung und die gesellschaftliche Teilhabe seien allgemein starke Gründe hierfür (vgl. 2023, S. 29).
2. Die Sehnsucht nach Zugehörigkeit und Anerkennung: Unsichtbar immer verbunden. Zugehörigkeit sei ein menschliches Grundbedürfnis und die Verbundenheit mit Menschen war notwendig zum Überleben. Heute verkörpere das

Smartphone diese soziale Verbundenheit durch ständige Erreichbarkeit und Möglichkeit zur Kommunikation (vgl. ebd., S. 30).

3. Dopamin und die vermeintlich guten Gefühle aus dem Smartphone: Jedes Mal, wenn unser Smartphone klingelt, blinkt oder brummt – bzw. auch jedes Mal, wenn wir es nur in die Hand nehmen und es eine neue Nachricht gibt, schüttet das Belohnungszentrum in unserem Gehirn den Neurotransmitter Dopamin aus. Das fühle sich gut an, denn Dopamin bewirke ein gutes Gefühl und belohne somit unser Verhalten. Dieses gute Gefühl verstärke unsere Handlung positiv und motiviere dadurch zur Wiederholung. Das bedeute in Folge: Wir schauen öfter auf das Smartphone, surfen öfter im Internet oder agieren häufiger in den sozialen Netzwerken (vgl. ebd., S. 30 f).

   Diese unvorhersehbaren Belohnungen sind in der digitalen Welt allgegenwärtig und bilden eine starke unumgängliche Anziehungskraft auf uns Nutzer:innen. Das besonders raffinierte dabei: gerade die Unvorhersehbarkeit und das Prinzip der zufälligen Belohnung machen den großen Reiz aus. Das Dopamin aus der digitalen Welt sei das kleine „Glück to go" (vgl. ebd., S. 32).

4. Die neue kollektive Gewohnheit: Der unbewusste Griff zum Smartphone. Das Handy lässt uns aufgrund des „Dopamin-Kicks" konditioniert reagieren, wann immer es klingle, vibriere oder blinke. Wir hätten den Griff zum Smartphone binnen weniger Jahre absichtslos so intensiv eingeübt und automatisiert, dass er oft wie von selbst passiere. Oft füllten wir mit reflexartigem Griff einen vermeintlich leeren Moment. Diese Momente des Wartens, der Pause oder des Nichtstuns wären wichtige Leerzeichen in unserem Leben, die wir mit dem ständigen Übertreten in die digitale Welt damit ausradieren. So fehle Raum, Momente der Stille, Atempausen – wie wir sie früher kannten – und das raubt uns in erster Linie Lebenszeit und wertvolle Energie (vgl. ebd., S. 33).

5. Unsere Beziehung zum Smartphone: Kann uns jemand näher sein? Der Griff zum Smartphone sei zu einer kollektiven, überall verbreiteten Gewohnheit geworden. Für manche Menschen ist es quasi ein Teil des Körpers, auf den sie nicht mehr verzichten können. Bei Vergessen oder Verlust geraten sie in Panik oder haben sogar Entzugserscheinungen (vgl. ebd.).

Wer durch das Smartphone öfter abgelenkt ist, arbeitet unproduktiver und ineffizienter. Achtsamkeit praktizierende Führungskräfte und Mitarbeiter:innen verbessern ihre Fähigkeit zur Konzentration und Fokussierung, was sich im Arbeitsalltag positiv auf ihre Leistungsfähigkeit und die Produktivität auswirken kann. Statt dem automatischen Griff zum Smartphone lernen sie wieder, „echte" Pausen zu machen, die der Regeneration und Entspannung dienen sollten.

3.2.2 Förderung der betrieblichen Kommunikationskultur

Durch die Verbesserung der Kommunikationskultur im Unternehmen mittels achtsamer, wertschätzender Kommunikation entwickelt sich ein positives Betriebsklima und ein engerer Zusammenhalt in der Belegschaft.

Hier listen Kohtes & Rosmann Beispiele aus der Praxis für eine Förderung der Meeting-Kultur auf: Settings wie „Circles", „Dynamic Facilitation" oder „Open Space Technology" könnten die Präsenz und Interaktion zwischen Teilnehmer:innen positiv fördern. Die Methode „Circle" (Kreis) umfasse etliche Elemente, die eine achtsame, entspannte Atmosphäre schaffen. Es gibt ein Einstiegsritual, jemanden der auf die Energie- und Dialogqualität achte und Mikro-Rituale zur Gesprächsverlangsamung und zur Förderung der Reflexion. Auch mittels Dynamic Facilitation könne eine hohe Dialogqualität hergestellt werden. Es handle sich dabei um eine moderierte Methode, die nicht explizit die Vereinbarung zur Achtsamkeit im Vorfeld brauche. Aufgrund der hohen Dialogqualität seien die Ergebnisse solcher Sitzungen auffallend kreativ und von den Beteiligten in hohem Maße mitgetragen, so dass sie auch wirklich umgesetzt werden könnten (vgl. 2014, S. 196 ff).

Bei diversen Treffen des Netzwerkes Achtsame Wirtschaft (NAW, Regionalgruppe Wien) komme ich immer wieder in den Genuss entschleunigter Austausch-Prozesse. Wir sitzen im Kreis und jeder, der sprechen möchte zeigt das mittels einer kleinen Geste (z. B. kurzes Kopfnicken). Alle Zuhörenden bestätigen ihre Aufmerksamkeit ebenfalls mittels Kopfnickens. Dann erhebt die Sprecher:in die Stimme und am Ende ihres Beitrages erfolgt nochmals dieselbe Geste. Meist entsteht ein kleiner Raum der Stille im Anschluss, in dem jeder die Möglichkeit hat, das Gehörte bei sich ankommen zu lassen. Erst dann meldet sich jemand anderer, der dem Beitrag z. B. etwas hinzufügen oder eine Frage stellen möchte, wieder mittels Geste an und so fort. Dieses Setting verhindert ein Durcheinander Sprechen, Seitengespräche oder laute Diskussionen und fördert das gegenseitige Mitgefühl und die Rücksichtnahme. Wenn ein Gedanke bereits formuliert und geteilt wurde, wird seltener der gleiche Inhalt nochmals vorgebracht.

Führen Unternehmer:innen an den verschiedenen Schnittstellen der Kommunikation Methoden mit Aspekten von Achtsamkeit ein, wird sich das förderlich auf die Kooperation auswirken. Einzig der Umstand, dass achtsame Kommunikation mehr Zeit braucht, könnte anfangs hinderlich sein. Doch diese gewinnen Sie nachträglich zurück, da die Kommunikation klarer und nachvollziehbarer abläuft und Missverständnissen somit besser vorbeugt wird.

3.2.3 Empathie als Vorstufe zum Mitgefühl für andere Menschen

Die Förderung der Empathie durch das Praktizieren von Achtsamkeit ist eine der wichtigsten Auswirkungen im betrieblichen Umfeld. Abschn. 3.1.3.

> Davidson unterscheidet drei Arten von Empathie: „Zum einen gibt es Empathie mit negativer Wertigkeit (Valenz), also die Neigung, auf das Leid eines anderen Menschen mit Gefühlen von Besorgnis oder Schmerz zu reagieren. Empathie mit positiver Wertigkeit beinhaltet demgegenüber die Neigung, in Reaktion auf das Leid eines anderen Menschen positive Emotionen zum Ausdruck zu bringen, um ihm so sein Leid zu erleichtern und ihm wieder zu einem positiven emotionalen Zustand zu verhelfen. Über die dritte Variante sprechen wir in der wissenschaftlichen Empathie-Literatur im Allgemeinen überhaupt nicht. […] Mitfreude, d. h. als die Neigung, mit Freude und Wohlwollen auf die Glücksgefühle eines anderen Menschen zu reagieren und sich mit ihm zu freuen" (Davidson in Singer und Ricard 2015, S. 60).

Singer hat in ihrer großen, bekannten Studie, dem „Resource-Project" bestätigt, dass im Modul 3 mit dem Titel „Affekt – Mitgefühl und Dankbarkeit" das Mitgefühl und die soziale Verbundenheit durch gemeinsame Meditation gefördert werden (vgl. 2018, S. 46–60).

Wer mit anderen mitfühlt oder sich mitfreut, verhält sich humaner und trifft andere Entscheidungen als egozentrische Menschen, die nur auf den eigenen Vorteil aus sind. Empathische Menschen sind zufriedenere Mitarbeiter:innen und bessere Kolleg:innen, da sich Mitgefühl positiv auf das eigene Wohlbefinden und ebenso auf das der anderen auswirkt. Letztlich geht es auch darum, mehr Mitgefühl in gewinnorientierte Unternehmen einfließen zu lassen.

Literatur

Davidson, J.R. & Goleman, D. (2017). *Altered Traits. Science reveals how meditation changes your mind, brain and body.* New York: Avery Publisher (Penguin Random House)

Hari, J. (2023). *Abgelenkt. Wie uns die Konzentration abhandenkam und wie wir sie zurückgewinnen.* München: riva

Heße-Husain, J. & Meßtorff, C. (2019). Neuroimmunologie der Achtsamkeit (S. 23–33) In Y.-S. Chang-Gusko et al. (Hrsg.), *Achtsamkeit in Arbeitswelten. Für eine Kultur des Bewusstseins in Unternehmen und Organisationen.* Wiesbaden: Springer

Hölzel, B.K., Lazar, S. W., Gard, T., Schuman-Olivier, Z., Vago, D. R. & Ott, U. (2011). *How does mindfulness meditation work? Proposing mechanisms of action from a conceptual and neural perspective. Perpectives on Psychologogical Science,* 6(6), 537–559.

Hölzel, B. (2020). Gelassenheit. Wie sich besser mit Belastungen umgehen lässt. In: *GEO Wissen Gesundheit Yoga & Meditation,* Nr. 13, S. 58–60

Katzera, J. (2023, 2. Aufl.). *Achtsamkeit oder abgelenkt? Über die Anziehung digitaler Medien und den Wert unserer Aufmerksamkeit.* Melsungen: Eigenverlag Katzera.

Kohtes, P. J. & Rosmann, N. (2014). *Mit Achtsamkeit in Führung. Was Meditation für Unternehmen bringt.* Stuttgart: Klett-Cotta.

Schrör, T. (2016/2021). *Führungskompetenz achtsame Selbstführung. Erfolgreich führen in dynamischen und disruptiven Zeiten.* Wiesbaden: Springer Gabler

Singer, T. & Ricard, M. (Hrgs.) (2015). *Mitgefühl in der Wirtschaft. Ein bahnbrechender Forschungsbericht.* Mit Beiträgen von: Dalai Lama, Ernst Fehr, William George, Richard Layard, Gert Scobel u. a. München: riva

Singer, T. im Interview mit Possemeyer, I. (2018). Die Kraft der Meditation. Wie stärken wir Mitgefühl und Achtsamkeit? In: *GEO-Sonderausgabe,* Nr. 2, S. 58–60.

Intention und Voraussetzungen 4

Große Unternehmen mach(t)en es vor, kleinere dürfen folgen.

Jede:r erfolgreiche Unternehmer:in verfolgt das Ziel, gute Mitarbeiter:innen möglichst im Betrieb zu halten. Aufgewachsen als Tochter eines Klein-Unternehmers habe ich von klein auf am Rande miterleben dürfen, wie viel Anstrengung und Bemühen es kostet, die „richtigen" Mitarbeiter:innen zu finden und sie entsprechend aus- bzw. weiterzubilden. Mittlerweile sind Maßnahmen zur betrieblichen Gesundheitsförderung kein Luxust mehr, sondern ein wichtiger Teil einer mitarbeiter:innen-zentrierten Unternehmenskultur. Gerade in kleineren Betrieben zählt jede Arbeitskraft. Das zeitweise Ausfallen oder gar Wegfallen einzelner guter Mitarbeiter:innen durch Krankheit oder Unfall ist mit erheblichen Kosten und Mehrbelastung der Belegschaft verbunden. Hier kann Achtsamkeit neben Ernährungs- und Bewegungsangeboten im Betrieb einen wichtigen Beitrag zur betrieblichen mentalen Gesundheitsförderung leisten.

Wie geht man es als (Klein-)Unternehmer:in bzw. Personalist:in an, wenn man sich an das Thema „Achtsamkeit" heranwagen will? Die einzige „goldene" Regel: Zunächst selbst ausprobieren, üben und reflektieren. Achtsamkeit kann sich niemand in Fachbüchern „anlesen", sie muss erlebt ergo praktiziert werden, um wirklich verstanden zu werden. Man sollte eine Ahnung davon haben, was die Haltung der Achtsamkeit meint, und worauf sie in Grundzügen abzielt. Erst dann kann man sich selbst ein Bild machen und entscheiden, ob das auch für die eigenen Mitarbeiter:innen ein geeignetes Konzept wäre.

Nachfolgend eine Einladung zum Kurzen Innehalten als Beispiel für eine Mini-Intervention:

© Der/die Autor(en), exklusiv lizenziert an Springer-Verlag GmbH, DE, ein Teil von Springer Nature 2026
S. Schuster, *Das achtsame Kleinunternehmen*, essentials,
https://doi.org/10.1007/978-3-662-73206-9_4

> **Beispiel**
>
> Kurz-Übung „Atempause": das Lesen unterbrechen, den Blick senken oder die Augen schließen und den Fokus auf den eigenen Atem-Rhythmus lenken. Ein paar Momente lang spüren, wie Luft durch die Atemwege ein- und wieder ausströmt. Wenn sich Gedanken dazwischenschieben, einfach zur Atembeobachtung zurückkehren. Dauer: 3–5 Atemzüge lang. ◄

4.1 Haltung und Authentizität seitens Führung

Es braucht die entsprechende ethisch-moralische Intention bei der Einführung von Achtsamkeit. Achtsamkeit dient den Menschen zur besseren Selbstakzeptanz, sie fördert Empathie und somit auch eine menschenfreundliche Unternehmenskultur.

Bietet die Unternehmensleitung Achtsamkeit ausschließlich mit dem „geheimen" Ziel an, aus Mitarbeiter:innen noch mehr Leistung herauszuholen oder sie nur stress-resistenter zu machen, dann instrumentalisiert sie die Praxis zur reinen Gewinnoptimierung. Dies ist auch der Hauptvorwurf vieler Achtsamkeitslehrer:innen und Praktizierenden bei der Anwendung in gewinnorientierten Unternehmen. Achtsamkeit würde nur vordergründig angeboten, um bestimmte Effekte zu erzeugen. Dahinter stehe meist die reine Absicht, Mitarbeiter:innen leistungsmäßig ausbeuten zu wollen.

► Die wichtigste Voraussetzung: **echtes** Interesse seitens Geschäftsführung am Thema Achtsamkeit und ihrer Wirkung. Das kann sich u. a. darin zeigen, dass Personen aus der Führungsebene bereits selbst Achtsamkeit praktizieren.

Daneben braucht es die prinzipielle Bereitschaft aller Hierarchie-Ebenen zur Mitarbeit und Unterstützung bei der Vorbereitung, Implementierung und Umsetzung der Angebote und Maßnahmen.

4.2 Sprache – Anpassung der Begrifflichkeiten

Bei manchen Menschen löst der Begriff „Meditation" bestimmte Assoziationen mit Religion, Spiritualität oder Esoterik aus. Daher sollte die Sprache an die Unternehmenskultur angepasst und Synonyme wie z. B. Fokussierung, Konzentration oder Zentrierung verwendet werden. Das hängt stark von der Branche, den Vorerfahrungen und Interessen der Mitarbeiter:innen ab. Je authentischer die Unternehmer:in das Thema vermittelt, desto geringer wird der Widerstand sein. Sie kennen Ihre Mitarbeiter:innen am besten und wissen, welche Formulierungen zu wählen sind. Falls Sie sich ein:e externe Berater:in oder Trainer:in holen, dann sollte diese auch entsprechend flexibel sein und sich an die Branche anpassen können. Wichtige Voraussetzung: Die Trainer:in kennt die Eigenheiten der Branche und die Unternehmenskultur, die vorherrscht. Techniker:innen sind anders anzusprechen, als z. B. Lehrer:innen oder Tourismus-Angestellte. Für manche Mitarbeiter:innen ist der zwischenmenschliche Austausch eine willkommene Abwechslung im Rahmen eines Workshops, für andere eher eine Bürde.

4.3   Beteiligung der Mitarbeiter:innen

Neben der Anpassung an die Unternehmenskultur braucht es Partizipation für eine erfolgreiche Implementierung und Bereitschaft zur Teilnahme an den Maßnahmen. Ich empfehle, Mitarbeiter:innen von Beginn an in die Planung mit einzubeziehen. Das könnte im Rahmen einer kleinen „Task Force" oder „Steuerungsgruppe Achtsamkeit" erfolgen. Darin sollten Mitarbeiter:innen als Stellvertreter:innen verschiedener Abteilungen wie z. B. Büro, Werkstatt, Außendienst vertreten sein, je nach Struktur und Größe des Unternehmens.

4.4   Freiwilligkeit und Kostenfreiheit

Die Freiwilligkeit der Teilnahme ist bei mehrwöchigen Trainings unerlässlich für die Wirksamkeit und Nachhaltigkeit. Das Training sollte idealerweise gratis für Beschäftigte sein. Wenn es zeitlich und wirtschaftlich leistbar ist, dann bieten Sie die Einheiten am besten innerhalb der Arbeitszeit an. Geht es aus betrieblichen Gründen nur in der Freizeit, dann sollte man zumindest so planen, dass es gleich im Anschluss an den Dienst oder davor stattfinden kann.

Achtsame Interventionen   5

Wer soll oder kann das Projekt bzw. Programm im Kleinunternehmen durchführen?

Entweder gibt es intern bereits eine fachkundige Person mit Trainingserfahrung in Achtsamkeit („Buttom up") oder ein Mitglied aus dem internen BGF-Team fühlt sich berufen. Alternativ engagieren Sie ein:e externe Trainer:in bzw. Organisationsentwickler:in mit Achtsamkeits-Expertise (z. B. MBSR-Lehrer:in).

Bei meinen Empfehlungen handelt es sich sehr bewusst um Präsenz-Seminare und Präsenz-Trainings. Natürlich werden Achtsamkeitstrainings auch als Webinare oder als aufwendigere Hybrid-Formate abgehalten. Ich selbst durfte währen der Covid 19 Pandemie ausreichend Erfahrung mit online-Formaten machen. Da ich jedoch fest davon überzeugt bin, dass die ständige Online-Präsenz eine wesentliche Ursache für den Dauerstress, dem die meisten ausgesetzt sind, darstellt, rate ich bewusst zum gemeinsamen Üben in Präsenz. In Belegschaften geht es dabei auch um die gezielte Förderung der Unternehmenskultur und der Zusammenarbeit, was bei Anwesenheit im gleichen Raum einfach besser funktioniert als im Virtuellen.

Zeitrahmen: Startphase und anschließend ein Interventions-Zeitraum von mind. zwei bis drei Monaten, d. h. ein 8-, 10- oder ein bis zu 12-Wochen-Programm.

Frequenz: Übungseinheit einmal wöchentlich oder 14-tägig für ein – max. zwei Stunden während der Arbeitszeit oder im Anschluss nach Dienstende. In dieser Zeit wird gemeinsam mit der Belegschaft formal geübt, das Erlebte reflektiert, es erfolgt ein kurzer Theorie-Input und es werden Fragen beantwortet.

Wenn es zeitlich nicht anders möglich ist, können Lerneinheiten auch auf Workshop-Basis geblockt angeboten werden. Der Lernerfolg ist jedoch bei Einzel-Einheiten über mehrere Wochen nachweislich größer! Abschn. 2.2.1. Es sollten zumindest zwei Workshops mit mehrwöchigem zeitlichem Abstand eingeplant werden, damit es dazwischen eine erste Umsetzungsphase gibt.

S. Schuster, *Das achtsame Kleinunternehmen*, essentials,
https://doi.org/10.1007/978-3-662-73206-9_5

5.1   Mögliche Einstiegs-Szenarien

Die hier angeführten Veranstaltungen sind Empfehlungen. Ihr Umfang und ihre Umsetzung hängen von der Größe, Struktur und Mitarbeiter:innen-Anzahl des Unternehmens ab. Vielleicht genügt ein ½ Tag mit der ganzen Belegschaft als Einstiegs-Workshop und zur Programmvorstellung. Vielleicht braucht es mehrere Termine, um das Thema und das Programm umfassend im Unternehmen zu etablieren.

5.1.1   Kick-off Veranstaltung – Belegschaft

Nach der Begrüßung durch die Geschäftsführung/Unternehmensleitung folgt deren Absichtserklärung, Achtsamkeit im Unternehmen einzuführen. Danach empfehle ich eine Einführung in die Thematik „Weltanschaulich neutrale Achtsamkeitspraxis am Arbeitsplatz" und die Darlegung der daran geknüpften Erwartungen und Ziele seitens Führung. Weitere Programmpunkte könnten sein: Vorstellung der Trainer:in und des geplanten Achtsamkeitstrainings mit kurzer Praxis-Übung für alle Anwesenden: erstes Erleben, was Achtsamkeit ist.

5.1.2   Führungskräfte-Training

1 (bis 2)-Tages Kompakt-Workshop: Programmvorstellung, Einführung in eine weltanschaulich neutrale Achtsamkeitspraxis sowie das Kennenlernen der Prinzipien achtsamer Kommunikation. Weitere Inhalte: Möglichkeit zum Ausprobieren ausgewählter Übungen, das Erleben tiefen Zuhörens durch eine Dialog-Übung und das Hervorheben der Rolle als Multiplikator:innen sowie deren Verantwortung und ihre Vorbildwirkung als Führungskräfte. Gerade im Klein-Unternehmen ist die Einbindung und die Gewinnung Ihrer Führungskräfte für das Thema unerlässlich. Weiters Raum für Fragen und Antworten zu den Details des geplanten Achtsamkeitstrainings.

5.1.3   Einführungs-Workshop für interessierte Mitarbeiter:innen

½ -Tages bis 1-Tages Kompakt-Workshop mit folgenden möglichen Inhalten: Weltanschaulich neutrale Achtsamkeitspraxis (Kurzübungen und eine Langübung), das Erleben achtsamer Kommunikation durch Dialog oder Dyade (Paargespräche) und eine genaue Programmvorstellung des geplanten Trainings im Unternehmen. Raum um Fragen, Ängste und Widerstände zu klären und um Einblicke in die Übungs-Praxis zu bekommen.

5.1.4 Begleitende Maßnahmen (optional)

Ich ermuntere Teilnehmer:innen, sich paarweise auf dem Weg der Achtsamkeit zu begleiten. Durch die Installation eines „Buddy-Systems" innerhalb der Mitarbeiter:innen zur gegenseitigen Unterstützung, können sich diese gegenseitig beim Üben begleiten. D.h. jeweils zwei Kolleg:innen treffen eine Vereinbarung, wann, wie oft und auf welche Art sie im Austausch über die Achtsamkeitspraxis bleiben, um sich gegenseitig zu motivieren und das Erlebte im Austausch zu reflektieren.

5.2 Maßnahmen und Übungsfelder

Die Basis bilden die klassischen formalen Atem-, Fokussierungs- und Körper-Übungen. Sie sind der Grundstock der weltanschaulich neutralen Achtsamkeitspraxis. Die informelle Praxis erfolgt nebenbei, im Alltag integriert und individuell. Alle Interventionen zur Achtsamen Kommunikation sind ergänzend zum formalen Grundprogramm möglich. Es hängt von Ihrer Intention als Geschäftsleitung ab, wie breit Sie das Programm aufstellen möchte, und ob die betriebliche Kommunikation gleich von Beginn an miteinbezogen werden soll.

Im „Training Achtsamkeit in Organisationen" ist das Modul 1 „Achtsame Persönlichkeitsentwicklung" vorerst den Individuen vorbehalten und erst in Modul 2, dem mehrwöchigen Folgetraining, erfolgt die „Achtsame Kommunikationsentwicklung". Modul 3 widmet sich der „Achtsamen Führungskräfteentwicklung" und Modul 4 „Achtsame Organisationsentwicklung" zeichnet den Weg zum achtsamen Unternehmen vor (vgl. Standhardt 2022).

In Kleinunternehmen werden weder die Zeit noch die Mittel für solch eine umfassendes Konzept vorhanden sein. Ich empfehle, die Achtsame Kommunikation bei Bedarf gleichzeitig mit der formalen Praxis Schritt für Schritt im Betrieb einzuführen.

5.2.1 Formale Praxis – Übungen für Geist & Körper

Nachfolgend ein möglicher Übungs-Kanon aus dem Sie wählen können: Atem- und Fokussierungsübungen (Atempause, ALI, IDA), Sitz- und Gehmeditation,

Achtsame Muskelentspannung (Progressive Muskelentspannung), Short Body Scan, Achtsame Bewegungsfolgen (z. B. Yoga, Pilates, Tai-Chi u. ä.) und Mitgefühls-Meditation bei Bedarf, vorausgesetzt es besteht Offenheit dafür.

Alle präsentierten Übungen sollten zwischen mindestens drei Minuten (z. B. Atempause) und maximal 20 min dauern. Im klassischen MBSR-Training nach Kabat-Zinn dauern die Übungen programmgemäß bis zu 45 min. Das ist im präventiven Bereich für Betriebe nicht praxistauglich. Daher plädiere ich für Übungen mit einer Dauer bis zu maximal 15–20 min.

Für Unternehmen wird im Zusammenhang mit Achtsamkeit oft ein „Raum der Stille" empfohlen. Die Möglichkeit der Einrichtung eines solchen Raumes ist in kleineren Unternehmen aus Platz- oder Kostengründen selten gegeben. Arbeitgeber:innen dürfen sich vorweg fragen: Gibt es einen ruhig(er)en oder geschützten Bereich im Unternehmen, in dem sich Mitarbeiter:innen kurz für Übungen zurückziehen könnten? Beispiele: Terrasse (Sommer); Pausenraum; Besprechungsraum; beheizter, gut belüfteter Kellerbereich oder ähnliches.

5.2.2 Informelle Praxis im Alltag

Neben der „formalen Achtsamkeitspraxis" wird auch die „informelle" Praxis für den Alltag empfohlen. Unter informeller Praxis versteht man, Alltagstätigkeiten bewusst achtsam im gegenwärtigen Moment auszuführen. Ihr Vorteil besteht darin, dass sie weder Extra-Aufwand noch Extra-Zeit braucht und oft leichter im Alltag integrierbar ist.

Alle einfachen, regelmäßig wiederkehrenden Tätigkeiten können bewusst achtsam durchgeführt werden. Beim Ausführen der Handlungen konzentriert man sich ausschließlich auf die Wahrnehmungen und Empfindungen, die auftauchen, während diese ausgeführt werden. Um ein Beispiel zu nennen: bei einem Ortswechsel im Betrieb, etwa beim Treppen steigen, können kleine Achtsamkeitsübungen durchgeführt werden: beim Überwinden der Stiegen bewusst die Fußsohlen spüren, wie sie sich von Stufe zu Stufe hinauf oder hinunter arbeiten; beim Ankommen im anderen Stockwerk, sich wieder der Arbeit widmen.

Die Fokussierung auf den Moment unterbricht das automatisierte Grübeln, Nachdenken oder sich Sorgen über Vergangenes oder Zukünftiges machen; man nimmt bewusst wahr, was gerade in einem mental abläuft und kann sich selbst fragen: „Wie geht es mir gerade"?

5.2.3 Achtsame Kommunikation

Im zwischenmenschlichen Bereich gehört achtsame Kommunikation zur täglichen Übungs-Praxis. Dies kann im Unternehmen z. B. durch die Einführung einer Kultur des „Tiefen Zuhörens" gefördert werden. Achtsame Kommunikation kann durch die externe Trainer:in angeregt und eventuell auch begleitet werden. Die tägliche Umsetzung liegt jedoch in der Verantwortung der Geschäftsführung und in der Zusammenarbeit mit den Mitarbeiter:innen. Tiefes Zuhören kann z. B. in Besprechungen und in Mitarbeiter:innen-Gesprächen praktiziert werden. Anfänglich vielleicht ungewohnt, wird es mit der Zeit die innerbetriebliche Gesprächskultur verändern und im besten Falle zu einem besseren Verständnis zwischen Führung und Mitarbeiter:innen sowie unter Kolleg:innen beitragen. Achtsame Kommunikation braucht allerdings Zeit und Raum: Gesprächssituationen wollen bewusster vorbereitet werden. Gesprächspausen dürfen entstehen und manches muss wiederholt werden, damit es richtig verstanden wird. Achtsame Kommunikation braucht die bewusste Entscheidung dafür und eine wertschätzende Grundhaltung gegenüber Kolleg:innen. Den Begriff „Tiefes Zuhören" und die nachfolgenden Ausführungen zu Achtsamen Sitzungen verdanke ich meinem langjährigen Lehrer und Kollegen Kai Romhardt, bei dem ich diese Kommunikations-Praxis kennenlernen und üben durfte.

Charakteristika für Tiefes Zuhören
- Gesprächspartner:in die volle Aufmerksamkeit schenken,
- das eigene Ego zurücknehmen,
- das Gegenüber nicht unterbrechen,
- Toleranz bei abweichender Meinung üben,
- keine ungewollten Ratschläge geben, sondern Mitgefühl zum Ausdruck bringen,
- den inneren, eigenen „Parallel-Vortrag" wahrnehmen.

5.2.4 Achtsame Sitzungen

Viele Besprechungen dauern zu lange, sind anstrengend oder langweilen die Teilnehmer:innen und liefern unzureichende Ergebnisse. Zusätzlich zur Bereitschaft „Tiefen Zuhörens" empfehle ich die gemeinsame Erarbeitung von Gesprächsleitfäden. Durch das Festlegen von achtsamen Gesprächs-Regeln können Meetings zielorientierter, kürzer und effizienter gehalten werden. Einige Beispiele: gemeinsamer achtsamer Beginn z. B. eine Minute im Schweigen verbringen; jede:n ausreden lassen; keine Nutzung digitaler Geräte während des Präsenz-Meetings etc. (vgl. Romhardt 2016, S. 14 ff).

Meine langjährige Erfahrung zeigt: ein Extra-Termin im Team zur Erarbeitung solcher Regeln bringt einen Gewinn für viele effizientere und kürzere Folge-Sitzungen. Wichtig: Visualisierung der festgelegten Gesprächsregeln, damit jederzeit im Meeting drauf hingewiesen werden kann.

5.2.5 Achtsamer Umgang mit digitalen Medien

Die Dauernutzung von Smartphones durch Mitarbeiter:innen während der Arbeitszeit gehört aktuell zu den größten Herausforderungen für Unternehmer:innen. Es kommt erwiesenermaßen zu wiederholter Ablenkung durch Nachrichten auf dem Smartphone und die Konzentrationsfähigkeit nimmt durch die ständige Online-Präsenz ab. Die Fehlerhäufigkeit steigt und die Zeit, bis man konzentriert zur eigentlichen Arbeit zurückkehrt, wird weit unterschätzt.

Auch hier braucht es eine Absprache mit der Belegschaft in Bezug auf die reflektierte Nutzung der Smartphones während der Arbeitszeit und zu einem vernünftigen (vielleicht sogar eingeschränkten?) Umgang mit Social-Media-Plattformen. Den meisten Menschen ist durchaus bewusst, dass sie zu viel Zeit im Internet bzw. in sozialen Medien verbringen. Sie verstehen auch, dass ein gezielt eingerichtetes Belohnungssystem („Dopamin-Kick") die Ursache dafür bildet; siehe auch Abschn. 3.1.1. Hari argumentiert, dass wir uns als Individuen nicht schuldig fühlen dürften. Die Mechanismen, dass Menschen möglichst viel und lange im Internet und in den Netzwerken verweilen, wurden so raffiniert und absichtlich von den Tech-Konzernen entwickelt, damit die Verweildauer zwecks Wahrnehmung von Werbung möglichst ausgedehnt werde (vgl. 2023, S. 142 ff).

5.2.6 Hintergrund-Wissen

In Achtsamkeits-Kursen werden neben den formalen Übungen zumeist auch Theorie-Inputs von den Trainer:innen vorgebracht. Mögliche Inhalte: Achtsamkeit und ihre Auswirkungen auf die Gedanken, Gefühle und den Körper; Effekte durch Achtsamkeitspraxis; Stress-Erleben und Stressbewältigung mittels Achtsamkeit; achtsame Selbstführung; die Bedeutung der Dankbarkeit für mehr Zufriedenheit Alltag.

Die Vermittlung von faktenbasierten Informationen z. B. zu neuronalen und physiologischen Veränderungen durch das Üben kann insbesondere technisch oder naturwissenschaftlich orientierte Berufsgruppen zur Teilnahme motivieren.

In der Zeit zwischen den Übungseinheiten können dazu Fragen von Mitarbeiter:innen freiwillig beantwortet werden, die der Selbstreflexion und Umsetzung des Gehörten und Geübten dienen.

5.2.7 Selbständiges Üben und Reflektieren

Ergänzend sollten Mitarbeiter:innen idealerweise **täglich** selbständig üben (ca. 10–15 Min./Tag) – zumindest an „6 aus 7 Tagen", falls einmal etwas dazwischenkommen sollte.

Neben den Praxisübungen könnten Fragen beantwortet oder alternativ ein persönliches Reflexions-Tagebuch geführt werden. Darin werden Beobachtungen notiert: z. B. Wie erlebe ich die Übung? Was löst sie in mir aus? Was fällt mir schwer? Auch Erkenntnisse über den Fortschritt oder Gedanken zu Hindernissen können festgehalten werden.

Beim nächsten Präsenztreffen im Unternehmen könnten diese dann in der Gruppe ausgetauscht und besprochen werden.

5.2.8 Train the Trainer Ausbildung im Anschluss (optional)

Ist Ihr Unternehmen mit Achtsamkeit schließlich auf einem guten Weg und möchten Sie ihn konsequent weitergehen, dann könnte eine Peers-Ausbildung für die Sicherung der Nachhaltigkeit im Unternehmen im Anschluss an die Trainingswochen angedacht werden.

Literatur

Hari, J. (2023). *Abgelenkt. Wie uns die Konzentration abhandenkam und wie wir sie zurückgewinnen.* München: riva

Romhardt, K. (2016). Achtsame Kommunikation in Meetings. Wie Sie bei sich beginnen. In: *Zeitschrift Organisationsentwicklung,* Nr. 4, S. 17–19

Standhardt, R. (2022). *TAO Training Achtsamkeit in Organisationen. Die Kunst sich selbst und eine Organisation achtsam zu führen.* Stuttgart: Klett-Cotta.

Praxis-Übungen – Anleitungen

In meinen Workshops mit Pädagog:innen, leitenden Pflegekräften, Techniker:innen u. a. bin ich mit der Zeit flexibler geworden, was Übungsanleitungen betrifft: weg von Dogmen und allzu strengen Vorgaben hin zum praxistauglichen Üben im Alltag.

Selbstverständlich soll und darf es Konzepte und Vorgaben geben, die eine prinzipielle Orientierung bieten, auf denen man aufbauen kann. Es steht für mich aber stets die individuelle Umsetzbarkeit und Machbarkeit im beruflichen Alltag im Vordergrund. Dann besteht die Chance, dass Menschen diese Übungen ausprobieren, selbständig weiterüben und für sich entsprechend adaptieren, um auch in den Genuss des Nutzens zu kommen. Das mag bei mancher Fachkolleg:in Skepsis hervorrufen, aber ich bin fest davon überzeugt, dass dies der einzig gangbare und sinnvolle Weg als Weiterbildnerin bei der Vermittlung von Achtsamkeit im Arbeitskontext ist.

Ich habe nachfolgend einen Übungskanon zusammengestellt, der unterschiedliche Formate und Inhalte bedient. Meine Erfahrung hat gezeigt, dass es sehr verschiedene Vorlieben bei Menschen für die Übungspraxis gibt. Das betrifft sowohl die Details der Übungen, wie sie formuliert sind, und die Art und Weise wie sie umgesetzt werden: im Sitzen, Gehen, Liegen oder in Bewegung.

6.1 Beispiele für Kurzinterventionen (3–5 min)

6.1.1 I.D.A. Innehalten – Durchatmen – Ankern[1]

Als Einstieg, zum Ankommen oder wenn Du Dich sicher(er) fühlen willst:

---

[1] In Anlehnung an Peter Paanakeer (Webinar-Mitschrift, 10.9.2023), adaptiert von der Autorin

S. Schuster, *Das achtsame Kleinunternehmen*, essentials,
https://doi.org/10.1007/978-3-662-73206-9_6

Innehalten – Durchatmen – Ankern (körperlich)

Innehalten: Komme im Moment an und nimm wahr, was ist.

Durchatmen: Atme mehrere Male bewusst tief durch die Nase ein und etwas länger durch Nase oder den Mund aus. *Das dient der Beruhigung des parasympathischen Nervensystems, das die Entspannung steuert.*

Ankern: Spüre eine bestimmte Körperregion, die Kontakt mit der Umgebung hat: z. B. die Fußsohlen und Fersen bei Bodenkontakt oder das Gesäß beim Sitzen auf der Sitzunterlage oder die Schulterblätter in Kontakt mit der Sitzlehne.

Ein paar Minuten in der Position verweilen und den „Anker" bewusst wahrnehmen. (siehe Abb. 6.1)

Das körperliche „Ankern" bildet eine Alternative zur Konzentration auf den eigenen Atemrhythmus und kann für manche Menschen einfacher sein.

Abb. 6.1 I.D.A. Innehalten – Durchatmen – Ankern (Grafik: Daniel Gajdusek-Schuster)

6.1.2 Achtsames Innehalten (nach Löhmer und Standhardt 2017)

Die Aufmerksamkeit auf den jeweiligen Bereich richten und alles wahrnehmen, so wie es jetzt gerade ist:

1. Nimm Deine **Gedanken** wahr.
2. Nimm Deine **Gefühle**, deine innere Stimmung wahr (Freude, Langeweile, Neugierde etc.).
3. Nimm Deine **Körperempfindungen** bewusst wahr. Alles annehmen, wie es jetzt ist.
4. Beobachte den **Atem**, wie er ein- und ausströmt und die Atempause dazwischen, ohne ihn bewusst zu verändern. Falls er sich von selbst verändert, ist es ok.
5. Nimm Deinen **Körper als Ganzes** wahr und nimm alle Empfindungen an, ohne diese zu bewerten: Einfach da sein, hier und jetzt. Es gibt nichts zu tun, nichts zu erreichen (vgl. Löhmer und Standhardt 2017, CD-Time-out-Übung 1).

6.1.3 A.L.I. Atmen – Lächeln – Innehalten (adaptiert nach Romhardt)

Fühlst Du Dich erschöpft, müde, verspannt oder fangen Deine Gedanken an zu rasen, kannst Du diese Mini-Pause anwenden.

Atmen … **Lächeln** … **Innehalten**: 3–5 Atemzüge lang zur inneren Zentrierung und eigenen liebevollen Zuwendung sowie zur Befriedung der inneren Kritiker:in.

Wenn Du magst, schließe Deine Augen. Richte nun Deine Aufmerksamkeit für ein paar Momente auf Deine **Atmung**. Spüre Deine Atembewegung, wie Du frische Luft einatmest und verbrauchte Luft wieder ausatmest. Verfolge ein paar Atemzüge mit Deiner vollen Aufmerksamkeit.

Dann erlaube Dir, ein kleines **Lächeln** auf Deinen Lippen entstehen zu lassen. Es muss nicht einmal nach außen sichtbar sein. Lächle Dir selbst zu, und spüre diesen Moment der Freundlichkeit. Du kannst auch einen Grund zur Dankbarkeit oder Anlass zur Freude einladen, der Dich lächeln lässt.

Und jetzt **halte** noch für ein paar Momente **inne** und nimm wahr, wie es Dir geht. Nimm Deine innere Stimmung wahr und nimm alles so an, wie es jetzt gerade ist.

Dann öffne wieder Deine Augen und richte Deine Aufmerksamkeit nach außen. (vgl. Romhardt, K. 2026 https://www.achtsame-wirtschaft.de)

6.1.4   Drei-Minuten Meditation (nach Lyon[2])

Die erfahrene Meditations- und Yogalehrerin Ursula Lyon, empfiehlt folgende Kurzübung zur Fokussierung, gleich nach dem Aufstehen oder als Einstieg in eine nachfolgende Meditation:

Eine Minute lang **Kontemplation** üben: Wie geht es Dir gerade? Nimm Deine körperliche Verfassung wahr, erkunde Dein Gefühl und frage Dich, welche Gedanken Dir gerade durch den Kopf gehen.

Eine Minute lang die **Atemzüge zählen**: Ein- und Ausatmen „Eins" – Ein und Aus, „Zwei" – Ein und Aus, „Drei" usw.

Eine Minute lang einatmend den Körper spüren, wie jede Zelle frische Energie aufnimmt und sich der Körper etwas aufrichtet. Ausatmend spüren, wie die verbrauchte Energie aus allen Zellen des Körpers weicht und er wieder leicht in sich zusammensinkt. Denke: … Ein: Auftanken – Aus: Abgeben…u. s. w.

Verliert man die Konzentration, den Fokus während des Sitzens, beginnt man von vorne mit der 3-Minuten Übung.

6.2   Übungsbeispiele bis zu 20 min Dauer

6.2.1   7-Punkte Meditation (adaptiert nach Mannschatz 2013)

Die 7-Punkte-Meditation unterstützt die Anwesenheit im Körper. Peile die Punkte im ruhigen Rhythmus nacheinander mit Deiner Aufmerksamkeit an.

Wenn Du magst, schließe die Augen.

Punkt 1 Augen: Zunächst lade ich Dich ein, Dir vorzustellen, dass Dir Augentrost-Tropfen in die äußersten Augenwinkel geträufelt werden. Erlaube Dir, die Augenwinkel und die Schläfen zu entspannen.

Punkt 2 Mund: Spüre, wie Deine Zunge im Mund liegt und lasse die Zunge breit, weich und entspannt werden. Dann spüre, wo die Zungenspitze in diesem entspannten Zustand die untere Zahnreihe von innen berührt.

Punkt 3 Schädel: Wandere nun mit der Aufmerksamkeit hinter den Ohren am Schädelrand entlang, hin zu den beiden ersten Halswirbeln: Atlas und Axis. Diese beiden tragen den Schädel und ermöglichen die Bewegung in alle

---

[2] zit.n. Ursula Lyon, Schweige-Retreat, Buddhistisches Zentrum Scheibbs (Ö), Oktober 2025

Himmelsrichtungen. Stelle Dir vor, dass Dein Kopf weich, entspannt und mühelos zwischen den Schultern ruht. Vielleicht mit der Vorstellung, dass der Kopf „wie ein Ei in einem Eierbecher" locker dort sitzt.

Punkt 4 Rücken: Spüre die hinteren unteren Spitzen Deiner beiden Schulterblätter. Lasse die Schulterblätter etwas nach hinten unten sinken. Dadurch kann sich der Herzraum zart öffnen.

Punkt 5 Steißbein: Gehe nun mit Deiner Aufmerksamkeit zur untersten Spitze des Steißbeins, verbunden mit der Vorstellung, dass ein Lot, angebunden an das Steißbein, zur Mitte der Erde hin pendelt. Spüre diese körperliche Zentrierung.

Punkt(e) 6 Hände: Spüre Deine zehn Fingerspitzen, nichts verändern, nur wahrnehmen, wie es ist.

Punkt(e) 7 Zehen: Spüre Deine zehn Zehenspitzen, nichts verändern, nur wahrnehmen, wie es ist. Bei Bedarf Punkt 1–7 mehrmals hintereinander wiederholen (vgl. Mannschatz 2013, S. 50 ff).

Öffne die Augen, richte Deine Aufmerksamkeit wieder nach außen und widme Dich Deinen Alltagstätigkeiten. Nimm wenn möglich ein Stück Achtsamkeit in den Alltag mit.

6.2.2 „Achtsame Entspannung" (Progressive Muskelentspannung)

Eine bequeme Haltung im Sitzen oder Liegen einnehmen, die Körperhaltung bewusst wahrnehmen, den Atem spüren.

Die Entspannungsphase ist etwa 3x so lange wie die Anspannung, um Unterschiede klar zu spüren: Hin spüren und die Signale des Körpers wahrnehmen, ruhig atmen und den Atem nach dem Loslassen fließen lassen. Die Hände liegen im Sitzen locker auf den Oberschenkeln, im Liegen ausgestreckt neben dem Körper, Augen eventuell schließen.

Signalwort „Anspannen jetzt": Spannung für ca. 7 sek. halten, bewusst spüren

Signalwort „Locker lassen jetzt" ca. 20 sek. Entspannungsphase, bewusst in die Muskelgruppe, die gearbeitet hat, nachspüren, ohne das Wahrgenommene zu bewerten!

Ablauf in 15 Schritten im Sitzen:
1. Aktivere Hand und Unterarm: Faust machen und halten; lockerlassen
2. Abgewinkelten Oberarm gegen den Oberkörper drücken; lockerlassen
   Vergleich Arm mit anderem Arm (Unterschiede spürbar?)

3. Andere Hand und Unterarm: Faust machen und halten; lockerlassen
4. Abgewinkelten Oberarm gegen den Oberkörper drücken und halten; lockerlassen
5. Gesicht: Augen zusammenkneifen, Zähne zusammenführen und Mundwinkel breit nach außen ziehen. Nach dem Loslassen: Zunge liegt locker in der Mundhöhle
6. Kinn Richtung Brustbein führen: halten, danach den Atem fließen lassen
7. Schultern und Brust und obere Rückenpartie: Schulterblätter nach hinten zusammenziehen und halten; nach dem Loslassen: den Atem fließen lassen
8. Bauch und unterer Rücken: Bauch fest machen, d. h. Bauchnabel Richtung Wirbelsäule einziehen und halten; nach dem Loslassen: den Atem fließen lassen
9. Gesäß und Beckenboden: beide Gesäßhälften anspannen; Beckenboden hochziehen und halten; nach dem Loslassen: den Atem fließen lassen
10. Rechter Oberschenkel: Oberschenkelmuskel gegen die Sitzunterlage drücken; lockerlassen
11. Rechter Unterschenkel: Fußspitze nach oben Richtung Knie ziehen und halten; lockerlassen
12. Rechter Fuß: Zehen vorsichtig einkrallen/-rollen und halten; lösen, Vergleich rechtes Bein mit linkem Bein (Unterschiede?)
13. Linker Oberschenkel: Oberschenkelmuskel gegen die Sitzunterlage drücken, lockerlassen
14. Linker Unterschenkel: Fußspitze nach oben Richtung Knie ziehen und halten; lockerlassen
15. Linker Fuß: Zehen vorsichtig einkrallen/-rollen und halten; lösen
Ausklang: Den Körper als Ganzes wahrnehmen und alle Empfindungen annehmen. Den Atem spüren. Alles was ist wahrnehmen und annehmen. wie es jetzt gerade ist.
Zurücknahme: Hände bewegen, Gähnen, Augen sanft öffnen, recken, strecken, eine Bewegung, die gut tut, machen (vgl. Löhmer und Standhardt 2017, CD-Time-out-Übung 2).

6.2.3 „Achtsame Körperwahrnehmung" (Kurzer Body Scan)

Bei der achtsamen Körperwahrnehmung geht es darum, alle Signale, die der Körper aussendet, bewusst wahrzunehmen und ohne diese zu bewerten.

Eine bequeme Haltung im Liegen[3] (oder Sitzen) einnehmen. Den Atem beobachten: spüren, wie der Atem in den Körper einströmt und wieder ausströmt. Den Atem nicht beeinflussen, sondern einfach geschehen lassen. Es ist ganz normal, dass die Gedanken immer wieder abschweifen.

Wenn Du das bemerkst, nimm zur Kenntnis, was Dir gerade durch den Kopf geht, und kehre dann mit Deiner Aufmerksamkeit zurück in die jeweilige Körperregion. Egal was Du spürst – erlaube Dir, alles willkommen zu heißen.

Die Aufmerksamkeit auf das linke Bein richten und wahrnehmen, wie sich diese Region anfühlt. Den linken großen Zeh spüren, den kleinen Zeh und die Zehen dazwischen. Die Aufmerksamkeit auf die Fußsohle verlagern, die Ferse wahrnehmen, die Oberseite des Fußes und das Fußgelenk. Den Unterschenkel spüren, das Knie und den Oberschenkel.

Wie eine Antenne sein – wach und empfangsbereit für die Signale des Körpers. Und auch wenn Du nichts wahrnimmst, so ist dies vollkommen in Ordnung. Wichtig ist allein die Lenkung Deiner Aufmerksamkeit.

Die Aufmerksamkeit auf das rechte Bein richten und wahrnehmen, wie sich diese Region anfühlt. Den rechten großen Zeh spüren, den kleinen Zeh und die Zehen dazwischen. Die Aufmerksamkeit auf die Fußsohle verlagern, die Ferse wahrnehmen, die Oberseite des Fußes und das Fußgelenk. Den Unterschenkel spüren, das Knie und den Oberschenkel. Alles so annehmen, wie es im Moment gerade ist.

Die Aufmerksamkeit auf das Gesäß und den Rumpf richten und wahrnehmen, wie sich diese Region anfühlt. Die Genitalien spüren, das Becken, den Anus und das Gesäß. Die Aufmerksamkeit auf den unteren Rücken richten, den mittleren Rücken wahrnehmen und den oberen Rücken. Das Bewusstsein in die Schulterblätter bringen und in den Raum zwischen den Schulterblättern. Die Schultern spüren, die Schlüsselbeinregion, den oberen Brustbereich und den Brustkorb. Das Herz spüren, die unteren Rippenbögen, die Magengegend und den Bauch.

Wahrnehmen, wie sich die Bauchdecke beim Einatmen hebt und beim Ausatmen senkt. Die gesamte Bauchregion von der Mitte bis zu den Seiten spüren.

Alle Körperempfindungen wahrnehmen, so, wie sie in diesem Moment sind.

Die Aufmerksamkeit auf den linken Arm richten und wahrnehmen, wie sich diese Region anfühlt. Den Daumen spüren, den Zeigefinger, den mittleren Finger, den Ringfinger und den kleinen Finger. Die Handinnenfläche wahrnehmen, den Handrücken und das Handgelenk. Den Unterarm spüren, den Ellenbogen und den Oberarm.

Es gibt nichts zu tun und nichts zu erreichen.

---

[3] Der klassische „Body Scan" nach Jon Kabat-Zinn wird im Liegen geübt.

Die Aufmerksamkeit auf den rechten Arm richten und wahrnehmen, wie sich diese Region anfühlt. Den Daumen spüren, den Zeigefinger, den mittleren Finger, den Ringfinger und den kleinen Finger. Die Handinnenfläche wahrnehmen, den Handrücken und das Handgelenk. Den Unterarm spüren, den Ellenbogen und den Oberarm.

Mit jedem Atemzug die Kostbarkeit des gegenwärtigen Moments spüren.

Die Aufmerksamkeit auf den Hals und den Kopf richten und wahrnehmen, wie sich diese Region anfühlt. Den Nacken spüren und die Kehle. Das Kinn wahrnehmen, den Mund, den Unterkiefer, den Oberkiefer und den Rachen. Die Nase wahrnehmen, fühlen, wie die Luft in die Nasenlöcher einströmt und wieder ausströmt. Die Wangen wahrnehmen, die Ohren und die Augen. Die Stirn spüren, den gesamten Hinterkopf und den Scheitelpunkt.

Den Körper als Ganzes spüren, den Kontakt mit der Unterlage, den Kontakt mit der Kleidung, den Kontakt mit der Luft, die Dich umgibt.

Beende nun die Übung. Falls Du die Augen geschlossen hattest, öffne langsam Deine Augen und richte Deine Aufmerksamkeit wieder nach außen. Wenn Du magst, dann recke und strecke Dich und mache eine Bewegung, die Dir jetzt guttut (vgl. Löhmer und Standhardt 2017, CD-Time-out-Übung 3).

6.2.4 Achtsames Gehen – Gehmeditation (indoor oder outdoor)

Eine bequeme Haltung im Stehen einnehmen, die Füße stehen etwas auseinander, die Knie sind leicht gebeugt, die Wirbelsäule ist aufgerichtet, der Nacken ist lang, der Kopf gerade, die Schultern sind locker und die Arme hängen seitlich herunter oder berühren sich vor dem Körper. Der Blick ist schräg nach vorne in Gehrichtung auf den Boden gerichtet.

Das Körpergewicht auf beide Beine verteilen, die Aufmerksamkeit auf den Atem richten, möglichst durch die Nase ein- und ausatmen. Das Körpergewicht zunächst auf das linke Bein verlagern, in Zeitlupe das andere, rechte Bein anheben, zuerst die Ferse vom Boden dann den ganzen Fuß lösen. Das rechte Bein ein kleines Stück nach vorne bewegen und es langsam wieder aufsetzen, zuerst die Ferse, dann den ganzen Fuß. Während der rechte Fuß wieder Kontakt zum Boden aufnimmt, löst sich der linke Fuß vom Boden, zuerst die Ferse, dann der ganze Fuß. Heben, Bewegen, Aufsetzen, Gewicht verlagern, Heben, Bewegen, Aufsetzen, Gewicht verlagern.

Achtsam gehen, Schritt für Schritt… Es gibt keinen Weg, es gibt kein Ziel… Einfach gehen und bewusst wahrnehmen, dass man geht… Gehen, ohne anzukommen… Ganz aufmerksam gehen… mit den Füßen sanft den Boden berühren… in Dankbarkeit gehen…die Schritte genießen und lächeln…

Beenden: Stehenbleiben, nachspüren. Bleibe so gut wie möglich in der Achtsamkeit, wenn Du Dich wieder den Dingen in Deinem Alltag zuwendest (vgl. Löhmer und Standhardt 2017, CD-Time-out-Übung 6).

6.2.5 Selbstmitgefühl üben /Atemraum mit Freundlichkeit nach MBCL

Jon Kabat Zinn sagt sinngemäß: Achtsamkeit ohne Herz praktiziert, sei nur die halbe Sache. Achtsamkeit sei wie eine Medaille mit zwei Seiten. Die eine Seite stelle die körperlich-geistige Praxis der Achtsamkeit dar, die andere Seite repräsentiere, wie wir mit dem Herzen dabei wären. Deshalb empfehle ich an dieser Stelle auch eine Grundübung aus dem Parallel-Programm zu MBSR, dem Minfulness-Based Compassionate Living (MBCL): Mitfühlend leben – mit sich und allen anderen.

Anleitung: Nimm eine bequeme, aufrechte Haltung auf einem Sessel im Sitzen ein (wahlweise Sitzkissen). Die Füße stehen mit etwas Abstand nebeneinander mit festem Kontakt zum Boden, der Rücken ist aufgerichtet, der Nacken ist lang, die Schultern sind locker, die Hände liegen auf den Oberschenkeln, ohne sich zu berühren. Die Handflächen können nach oben oder nach unten zeigen. Schließe die Augenlider oder senke den Blick sanft ab, ohne dabei etwas zu fixieren. Wenn möglich atme durch die Nase ein- und aus. Sonst durch den leicht geöffneten Mund.

Wenn Du bemerkst, dass Deine Aufmerksamkeit abschweift, Du mit Gedanken, mit Gefühlen oder Körperempfindungen beschäftigt bist, dann kehre immer wieder sanft zur Atembeobachtung zurück und freue Dich, dass Du es bemerkt hast.

Nimm die eingenommene Haltung bewusst wahr. Nimm den Kontakt mit den Fußsohlen am Boden bewusst wahr… den Kontakt mit der Sitzunterlage … Spüre, wie der Atem von ganz allein in den Körper einströmt und wieder ausströmt. Nimm wahr, wie sich die Bauchdecke langsam hebt und senkt… Einfach nur sitzen und den Atem spüren…Die Einatmung wahrnehmen, die Ausatmung wahrnehmen… Ganz aufmerksam sein von Augenblick zu Augenblick…

Dann richte die Aufmerksamkeit bewusst auf den Brustraum und lege eine Hand auf die Herzregion, falls Du das magst. Lass die Atmung ruhig und sanft werden und atme bewusst durch den Brustraum…spüre die Berührung und die Wärme der Handfläche.

Sprich Dir mit innerer oder leiser Stimme einen der nachfolgenden Sätze zu. Je nachdem, was Du gerade am dringendsten benötigst. Wiederhole diesen Satz mehrmals und spüre nach, ob er sich stimmig anfühlt. Du kannst auch gerne experimentieren und 2–3 Sätze kombinieren:

„Möge ich freundlich und wohlwollend mit mir selbst umgehen."
„Möge ich sicher und geborgen sein."
„Möge ich gesund sein." Oder „Möge ich schmerzfrei sein".
„Möge ich unbeschwert sein." Oder „Möge ich mich leicht fühlen."
„Möge ich in Frieden leben."
„Möge ich stark sein."
„Möge ich mutig sein."
„Möge ich…" – was auch immer Du im Moment gerade am meisten brauchst.

Wenn sich Deine Aufmerksamkeit wieder in Gedanken verliert, kehre sanft zu Deinem Satz zurück und wiederhole ihn erneut mehrere Male.

Es geht nicht darum, dass sich das ersehnte Gefühl oder die Eigenschaft sofort einstellt, sondern einfach um die Absicht, Dir selbst Gutes zu wünschen. Bleibe geduldig und freundlich mit Dir.

Dann nimm Deine Hand wieder zurück und lege Sie auf Deinem Oberschenkel ab. Spüre nochmals bewusst zur Einatmung und zur Ausatmung hin... Nimm den Rhythmus Deiner Atembewegung wahr. Verweile noch ein paar Augenblicke bei Deiner Atmung und beende dann die Übung (vgl. Stocker C. et al (2015/2020), S. 18 f, Übung: Atemraum mit Freundlichkeit).

6.3   Klassische Hindernisse während der Übungspraxis

„Mach einfach weiter! [...] Es geht nicht darum, etwas zu erreichen. Es geht um das Tun an sich, frei von Erwartungshaltung" (Lehrhaupt 2012, S. 152).

Die Kenntnis bzw. das Bewusstsein für mögliche Hindernisse beim Üben von Achtsamkeit halte ich für eine der wichtigsten Voraussetzungen für den Übungserfolg. Im Rahmen meiner Trainer:innen-Ausbildung wurde dem zunächst nicht besonders große Aufmerksamkeit geschenkt. Vermutlich wussten meine Ausbildner:innen genau, dass man sowieso täglich damit konfrontiert sein wird. Erst im Zuge meiner eigenen Praxis erkannte ich die Bedeutung der Vielzahl und Formen von Hindernissen, die das selbständige Üben erschweren können. Folglich thematisiere ich diese inzwischen sogar bei Halbtages-Workshops. Man kann gar nicht oft genug erwähnen, was sich einem alles so in den Weg stellen kann, und dass all dies nichts mit mangelnder Fähigkeit zur Meditation zu tun hat, sondern ganz natürliche Erscheinungen sind. Die Devise lautet: trotzdem Weiterüben.

6.3.1 Müdigkeit/Trägheit

Sobald wir uns hinsetzen oder hinlegen, den Blick senken oder die Augen schließen, kann der Körper das als Signal zum Ausrasten oder Einschlafen verstehen – was bei den meisten Menschen jeden Abend genau so passiert. Wer zu meditieren beginnt wird eventuell bemerken, wie sich Müdigkeit breit macht. Es könnte der Eindruck entstehen, dass die Übung zur Müdigkeit beiträgt. Es ist aber genau umgekehrt: wenn wir innehalten und unsere Aufmerksamkeit auf uns selbst richten, bemerken wir erst die Müdigkeit, die schon da war bzw. ist. Wir haben sie einfach nicht wahrgenommen. Deshalb ist es hilfreich, möglichst aufrecht beim Meditieren zu sitzen. Sitzkissen oder Sitzbänkchen können da eine gute Unterstützung bieten, aber jeder Sessel, der größenmäßig passt, tut es anfangs genauso. Wer z. B. beim Body Scan im Liegen bemerkt, wie ihn Müdigkeit übermannt und nicht einschlafen möchte, kann die Augen leicht öffnen oder sich stattdessen aufsetzen und weiterüben. Manche Anleiter:innen empfehlen im Notfall sogar aufzustehen, um wieder mehr Energie im Körper entstehen zu lassen. Dies erschwert auch einen Dämmerschlaf während des Übens.

6.3.2 Rastlosigkeit im Körper oder in den Gedanken

Eine weitere Herausforderung stellt das ruhige Sitzen oder Liegen dar. Es braucht anfangs Zeit, um eine ideale Position zu finden, um sich dann auf den stillen Prozess ganz einzulassen. Jede:r Achtsamkeits-Lehrer:in lässt dafür Zeit, bis es ruhig im Raum wird und jede:r seine Position gefunden hat. Sollte sich nach einer gewissen Dauer herausstellen, dass die eingenommene Position nicht schmerzfrei weiter aufrecht zu erhalten ist, dann kann man sich langsam und ruhig bewegen, bis man eine schmerzfreiere Haltung gefunden hat. Man sollte aber nicht sofort und jedem Impuls oder Wunsch nach einem Positionswechsel nachgeben. Sobald man nämlich drei, oder vier Mal Veränderungen vornimmt, kommt man nicht mehr zur Ruhe.

Ganz ähnlich verhält es sich mit dem Gedanken-Fluss. Eine der größten Irrtümer ist es, dass Meditation den Geist völlig zur Ruhe kommen lässt. Anfangs passiert genau das Gegenteil, wie bereits im Abschn. 1.3 am Ende beschrieben wurde. Erst wenn wir stillsitzen und unsere Aufmerksamkeit auf den Atem richten, bemerken wir unsere Gedanken, die sich immer wieder dazwischenschieben. Zu Beginn der Übungspraxis sind viele Praktizierende irritiert, was sich in ihrem Bewusstsein abspielt, und nehmen dies als großes Hindernis wahr. Schon Kabat-Zinn hat beschrieben, wenn wir in einer Meditation 100mal abdriften, sollen wir trotzdem weiter üben. Es ist einfach so und es ist völlig normal. Aus eigener Erfahrung kann ich bestätigen, dass es mit der Zeit einfacher wird, sogar minutenlang den Fokus tatsächlich zu halten und geistig zur Ruhe zu kommen. Bis es soweit ist: durchhalten, weitermachen und immer wieder zum Atemrhythmus oder zur Körperwahrnehmung zurückkehren. Aller Anfang ist schwer.

6.3.3 Zweifel

Der Zweifel wird in der Literatur als größtes Hindernis beschrieben. Auch langjährig Praktizierende sind davor nicht gefeit. Manchmal hinterfragt man, ob die Praxis überhaupt etwas bringt bzw. ob man geeignet ist zur Meditation. Oder man stellt sich die Frage, ob man nicht viel zu viel Zeit in „Nichts" investiert. Auch hier gilt: es einfach tun. Sitzen, liegen, weitergehen und schweigen und das Atmen nicht vergessen! Es wäre schade, sich durch den Zweifel wieder von der Praxis abbringen zu lassen. Kommt er dennoch auf, Fokus auf den Atem, den Körper oder auf ein anderes Objekt richten, um den Zweifel wieder zum Verschwinden zu bringen. Üblicherweise tut er es dann auch – und falls nicht, dann ist es vielleicht wirklich nicht der geeignete Weg.

6.3.4 Ärger, Aversion, Abneigung

Wenn wir ruhiger werden, den Fokus nach innen richten, können wir unsere Gefühle bewusster wahrnehmen. Das können teils sehr unangenehme, unerwünschte Gefühle wie Ärger oder Wut sein. Gefühle entstehen scheinbar aus dem Nichts, oft kennen wir den Anlass gar nicht dafür. Plötzlich spüren wir Groll, Angst oder Trauer in uns aufsteigen. Was hilft, ist die Aufmerksamkeit dabei auf die Körperwahrnehmung zu richten. Wo fühle ich die Wut oder Angst in mir? Wie spürt sie sich an? Richten wir unseren Fokus auf die Körpersignale, löst sich das unerwünschte Gefühl oft ganz von selbst auf oder vergeht mit der Zeit wieder. Das konnte ich unzählige Male bei mir selbst beobachten. Anfangs glaubt man zwar nicht, dass das so ist, aber mit der Zeit stellt man fest, dass es tatsächlich funktioniert. Was hilft ist das Vertrauen in die Jahrhunderte lang erprobte und bewährte Praxis.

6.3.5   Sinnes-Begehren, Gier

Unser Gehirn ist sehr erfinderisch, wenn gerade Zeit dafür ist. Anstatt uns auf den Atem oder den Körper zu konzentrieren, entwickelt es plötzlich Lust auf einen bestimmten Geschmack, nach einem kulinarischen Erlebnis oder auf andere Sinnesfreuden. Da hilft nur wieder: Zurück zur Achtsamkeit und die sinnlichen Wünsche auf später vertagen.

Zum Schluss erlaube ich mir einen kleinen Exkurs in die buddhistische Philosophie: Diese fünf großen Hindernisse sind nicht nur auf Meditationsprozesse an sich bezogen, sondern gelten auch im Leben selbst als Hindernisse, ein einfaches und glückliches Leben zu führen: Trägheit und Faulheit verhindern ein Fortkommen im Leben. Die Unruhe im Körper oder in den Gedanken verhindert die Konzentration auf das Wesentliche. Wer ständig am Suchen ist, verrennt sich. Zweifel lässt uns entweder gar nicht anfangen oder nichts zu Ende bringen. Unheilsame Gefühle wie Aggression, Neid oder Zorn verhindern Mitgefühl, Vertrauen und Verbundenheit mit anderen Menschen. Und schließlich das Wollen, das Sehnen, die Lust nach etwas Bestimmtem, das uns dann endlich zufriedener, glücklicher oder froher sein lässt, ist ein nie enden wollendes Unterfangen. Das Streben nach materiellen Dingen, nach glücksbringenden Zuständen oder nach Anerkennung durch andere Menschen hört niemals auf. Erst wenn wir erkennen, dass sich echtes „Nicht-wollen" einstellt, kommen wir langsam zur Ruhe und vielleicht zu tieferer Zufriedenheit. Loslassen ist die Devise! Kein einfacher Weg, aber er kann sich lohnen.

Liebe Klein-Unternehmer:in, liebe Geschäftsführer:in!

Wenn Sie auf den Geschmack gekommen sind, dann fangen Sie einfach an! Probieren Sie z. B. eine der Übungen an ein paar aufeinanderfolgenden Tagen selbst aus. Wichtig dabei: finden Sie einen für Sie günstigen Zeitpunkt, zu dem Sie ungestört und fokussiert üben können und einen passenden Platz. Ob Sie dabei Sitzen, Gehen oder Liegen ist nicht so relevant, Hauptsache Sie bleiben zunächst für ein paar Minuten dabei. Steigern Sie sich täglich von anfangs fünf auf ca. 15 min und nehmen Sie sich nach etwa 14 Tagen eine andere Übung vor. Finden Sie heraus, was Ihnen dabei guttut und sind Sie nicht zu streng mit sich. Es darf auch Spaß machen! Üben Sie in einzelnen Gesprächen bewusst tiefes Zuhören. Unterbrechen Sie Ihr:e Gesprächspartner:in nicht, hören sie mit ganzer Aufmerksamkeit zu und bleiben Sie möglichst tolerant und mitfühlend auch bei Aussagen oder Meinungen, die sie persönlich nicht teilen.

Sollten Sie selbst schon übungserfahren sein, dann lassen Sie auch Ihr:e Mitarbeiter:innen in den Genuss von Achtsamkeit kommen! Achten Sie auf Freiwilligkeit und geben sie ihnen Zeit und Raum für Erfahrungsaustausch und Reflexion. Tipp: Starten Sie gemeinsam mit jener Übung, bei der Sie sich selbst am wohlsten und sichersten fühlen.

Ich wünsche Ihnen von Herzen viel Freude und Erfolg mit dem Vorhaben „Achtsamkeit am Arbeitsplatz im (Klein-)Unternehmen".

Literatur

Lehrhaupt, L. (2012). *Die Wellen des Lebens reiten. Mit Achtsamkeit zu innerer Balance.* München: Kösel

Löhmer, C. & Standhardt, R. (2017). *Time out statt Burnout. Einübung in die Lebenskunst der Achtsamkeit.* (6. Aufl.) Stuttgart: Klett-Cotta

Lyon, U. (2015). *Sampada Yoga. Ein Arbeitsbuch für ein glückliches Leben in Achtsamkeit.* Nickenich: Waldhaus-Verlag

Romhardt, K. https://www.achtsame-wirtschaft.de zuletzt zugegriffen: 27.3.2026

Mannschatz, M. (2013). *Lieben und Loslassen. Durch Meditation das Herz öffnen.* Bielefeld: Theseus

Stocker Christian et al. (2015/2020). *Mitgefühl üben. Das große Praxisbuch. Mindfulness-Based Compassionate Living (MBCL).* Wiesbaden: Springer

Was Sie aus diesem *essential* mitnehmen können

- Kenntnisse über in eine säkulare Achtsamkeitspraxis
- Orientierungshilfe & Argumente für die Umsetzung im Klein-Unternehmen
- Ideen für achtsame Interventionen und Maßnahmen im Betrieb
- Beispiele praktischer Übungen & mögliche Hindernisse
- Motivation, mit dem Thema Achtsamkeit im Unternehmen zu starten.

FAZIT

Möchten Unternehmer:innen ihren Betrieb und ihre Mitarbeiter:innen erfolgreich führen, braucht es dafür u. a. Kompetenz, Mut, Überzeugungskraft und Ausdauer. Bei der Einführung von weltanschaulich neutraler Achtsamkeit im Kleinunternehmen ist es nicht anders. Die Forschungslage ist vielversprechend und Achtsamkeit ist definitiv in der Arbeitswelt nicht nur angekommen, sondern sie wird auch dringend benötigt.

Matthieu plädiert dafür, sie mit der „richtigen Gesinnung" zu etablieren (2015) unter Berücksichtigung der Kultur, die im Betrieb herrscht. Alle Hierarchien-Ebenen sind dabei einzubeziehen, und Führungskräfte als Mitstreiter:innen von Beginn an für die Sache zu gewinnen. Ziehen diese nicht mit oder boykottieren sie gar das Vorhaben, ist es zum Scheitern verurteilt. Partizipation ist ein Weg dorthin, das bedeutet, die Angestellten und Arbeiter:innen in die Planung miteinzubeziehen.

Als Klein-Unternehmer:in gilt es sich zu überlegen, was mit der Implementierung von Achtsamkeit im Unternehmensalltag erreicht werden soll. Entsprechend können die Angebote geplant werden. Vielleicht ist es die Kommunikation im Team, an der Sie ansetzen möchten oder eher die Konzentrationsförderung Ihrer Mitarbeiter:innen durch „mehr analog statt digital". Fangen Sie klein an, in Häppchen und nicht alles auf einmal. Wie Sie sicher selber wissen, schrecken Neuerungen zunächst ab und wollen gut überlegt eingeführt werden.

Idealerweise üben Sie als Unternehmer:in oder Personalist:in zunächst selbst oder gehen als gutes Beispiel voran und üben Sie mit Ihrem Team. Die Umsetzung kann auch ein:e Mitarbeiter:in, die sich des Trainings annimmt, bewerkstelligen oder Sie holen sich ein:e externe Expert:in ins Boot. Sie finden eine Reihe ein-

© Der/die Herausgeber bzw. der/die Autor(en), exklusiv lizenziert an
Springer-Verlag GmbH, DE, ein Teil von Springer Nature 2026
S. Schuster, *Das achtsame Kleinunternehmen*, essentials,
https://doi.org/10.1007/978-3-662-73206-9

facher Übungen von wenigen Minuten Dauer aufwärts, die sich leicht im Arbeitsalltag einbauen lassen. Haben diese ihren Platz im täglichen Betriebsablauf einmal
gefunden, wollen sie die meisten Mitarbeiter:innen nicht mehr missen. Die längeren Übungen bzw. jene im Liegen sind zur Vertiefung bzw. zum Üben in der Freizeit gedacht.

Hindernisse? Natürlich – aber für Sie als Unternehmer:in auch nichts Neues! Dranbleiben, weitermachen, der Sache Zeit und Raum geben – still und heimlich zeigen sich nach und nach erste Wirkungen; nicht von heute auf morgen, aber nach ein paar Wochen mit großer Wahrscheinlichkeit.

Seien Sie Vorreiter:in auf diesem Gebiet und geben Sie sich, Ihrer Belegschaft und somit der Wirtschaft einen Schub in Richtung Fokussierung, Entschleunigung und mehr Empathie in der Arbeitswelt! Möge Ihr Vorhaben gelingen!

Literatur

Albers, M. (2017). Digitale Erschöpfung. Wie wir die Kontrolle über unser Leben wiedergewinnen. München: Hanser

Badura, B. & Steinke, M. (2011). Die erschöpfte Arbeitswelt. Durch eine Kultur der Achtsamkeit zu mehr Energie, Kreativität, Wohlbefinden und Erfolg! Gütersloh: Bertelsmann

Chang-Gusko, Y.-S. & Heße-Husain, J. et al (Hrsg. 2019). Achtsamkeit in Arbeitswelten. Für eine Kultur des Bewusstseins in Unternehmen und Organisationen. Frankfurt: SpringerGabler

Hari, J. (2023, 2. Aufl.). Abgelenkt. Wie uns die Konzentration abhandenkam und wie wir sie zurückgewinnen. München: riva

Kabat-Zinn, J. (2006). Gesund durch Meditation: Das große Buch der Selbstheilung. Frankfurt: Fischer

Kabat-Zinn, J. (2006). Zur Besinnung kommen. Die Weisheit der Sinne und der Sinn der Achtsamkeit in einer aus den Fugen geratenen Welt. Freiamt: Arbor

Kabat-Zinn, J. (2010). Im Alltag Ruhe finden. Meditationen für ein gelassenes Leben. München: Knaur Menssana

Katzera, J. (2023, 2. Aufl.). Achtsam oder abgelenkt? Über die Anziehung digitaler Medien und den Wert unserer Aufmerksamkeit. Melsungen: Eigenverlag

Kohtes, P.J. & Rosmann, N. (2014). Mit Achtsamkeit in Führung. Was Meditation für Unternehmen bringt. Stuttgart: Klett-Cotta

Lehrhaupt, L. (2012). Die Wellen des Lebens reiten. Mit Achtsamkeit zu innerer Balance. München: Kösel

Löhmer, C. & Standhardt, R. (2012). Time out statt Burnout. Einübung in die Lebenskunst der Achtsamkeit. Stuttgart: Klett-Cotta

Mannschatz, M. (2013, 4. Aufl.). Lieben und Loslassen. Durch Meditation das Herz öffnen. Bielefeld: Theseus

Niebauer, C. (2020). Kein Ich, kein Problem. Was Buddha schon wusste und die Neuropsychologie heute bestätigt. Kirchzarten bei Freiburg: VAK

Ott, U. (2010). Meditation für Skeptiker. Ein Neurowissenschaftler erklärt den Weg zum Selbst. München: O.W. Barth

Romhardt, K. (2017). Achtsam wirtschaften. Wegweiser für eine neue Art zu arbeiten, zu kaufen und zu leben. Freiburg im Preisgau: Herder

Schrör, T. (2021). Führungskompetenz achtsame Selbstführung. Erfolgreich führen in dynamischen und disruptiven Zeiten. Wiesbaden: SpringerGabler

Schuster, S. (2018). Förderung Emotionaler Intelligenz durch Achtsamkeitspraxis am Arbeitsplatz. (S. 247–258) In: Gölzner, H. & Meyer, P. (Hrsg.): Emotionale Intelligenz in Organisationen. Wiesbaden: Springer

Singer, T. & Ricard, M. (Hrsg, 2015). Mitgefühl in der Wirtschaft. Ein bahnbrechender Forschungsbericht. München: Knaus

Standhardt, R. (2022). TAO Training Achtsamkeit in Organisationen. Die Kunst sich selbst und eine Organisation achtsam zu führen. Stuttgart: Klett-Cotta

Thich Nhat Hanh (2016). Einfach gehen. München: O.W. Barth

Van den Brink, E. & Koster, F. et al (2015/2020). Mitgefühl üben. Das große Praxisbuch. Mindfulness-Based Compassionate Living (MBCL). Wiesbaden: Springer

(Interview mit Ricard M. in SRF-Kultur: Matthieu Ricard – Vom Wissenschaftler zum buddhistischen Mönch Veröffentlicht am 25.07.2015; link nicht mehr verfügbar)